最強の英国特殊部隊式ビジネスマネジメント術

McKinney Rogers

ミッションリーダーシップ

組織を動かす無敵のチカラ

岩本 仁

Mission Leadership

まえがき

リーダーシップは持って生まれた才能やカリスマではありません。

リーダーシップはスキルです。誰もが学習して身に付けることができる言動なのです。身に付けた言動を習慣にすることで、リーダーという人格が作られるのです。

私たち日本人はリーダーシップの習得に苦労しています。その大きな原因のひとつが、日本の学校ではリーダーシップをほとんど教えないという事実です。会社に入っても、部下をもつまでリーダーシップを体系立てて学ぶことはほとんどありません。ですから、課長やチームリーダーになるころには、リーダーシップは持って生まれた才能だと思い込んでしまうのです。

私たちが身に付けたいリーダーシップを最も研究している機関はどこでしょうか？それは間違いなく軍隊です。２０００年以上にわたり、世界中の戦場で極限の世界を生き抜くためのリーダーシップが研究されてきました。21世紀の今日、世界で最も進んだリーダーシップメソッドを開発したのは英国軍です。彼らが中心となって完成させた「ミッションコマンド」は現在西側先進国、NATOの公式理論として採用されています。

ミッションコマンドはそれまでの上位下達・命令絶対服従の軍隊理念とは180度異なる哲学をもっています。ベトナム戦争以降、予測不能なテロリストと戦うためには兵士の自律性を引き出して権限移譲を進めていくことが不可欠になったからです。最も進化したリーダーシップメソッド、ミッションコマンドは、常に激変する環境への対応を求められる現代のビジネスと高い親和性をもつのです。そこでミッションコマンドをビジネスに応用した「ミッションリーダーシップ」が開発されました。

この本では、このミッションリーダーシップを、誰もが知っているリーダーとビジネスの事例を用いてわかりやすく説明します。ミッションリーダーシップのメソッドに照らし合わせて分析することで、才能だけで成功したように思われている偉人たちが、いかにリーダーとして理にかなった行動を取っていたかが明らかになります。リーダーシップは誰もが学習によって身に付けられるものであるという自信につながるはずです。

私も、日本の学校でリーダーシップの教育はほとんど受けてきませんでした。自分にリーダーとしての才能はないと思っていました。社会人になってからは、リーダーとしての才能はなくても、自分が誰よりも優秀だと証明できれば上に行けると信じていました。同僚よりも優秀であることを証明しよう、上司よりも優秀であることを証明しよう、挙句の果てには部下よりも優秀であることを証明しようと汲々《きゅうきゅう》としていました。結果として、部下をもってからも、全部自分でやる、部下のやることはすべて自分が指示をする、というスタイルが染み付いていました。

ところが40歳でモエヘネシーディアジオの社長になったときに、このやり方ではどうにも超えられない壁にぶち当たりました。もがき苦しむなかで出会ったのがミッションリーダーシップでした。ミッションリーダーシップを私と幹部リーダー全員が習慣化することで、13年連続の減収減益が3年連続の増収増益に変わりました。シャンパン市場の急拡大に対応する総力をあげた企業戦略を社員ひとりひとりが理解し、柔軟に実行する組織への変革に成功したからです。

この出会いを通じて、リーダーシップは訓練で身に付けるものだとはじめて知りました。同時に命をかけた戦場から生み出されたメソッドは、どのようなビジネスにも応用できることを確信しました。私は、ミッションリーダーシップとの出会いに感謝するとともに、もっと早く知りたかったと心から思いました。

その時の思いから、ミッションリーダーシップで、みなさん自身がリーダーシップの棚卸をし、磨く方向を明確にし、実践していただくためにこの本を書きました。極限の世界で開発された軍隊マネジメントに基づく手法を、一日でも早く読んで、一日でも早く実践してほしいと心から願っています。

巻末にはワークノートをつけました。本文内で説明しているミッションリーダーシップの手法を自分自身にあてはめて実践するツールです。この本を読んだその日から活用・実践していただけます。

岩本　仁

序章

世界一の会社は、いかにして作られたか

売上高世界一の企業はどこか

「現在、売上高世界一の企業はどこか」

この問いに、あなたはすぐに答えられますか?

左の表は、「フォーチュン　グローバル500・売上高ランキング（2016年）」のトップ10です。

ご覧のとおり、ほとんどが石油メジャーや電力など、インフラに関連する企業で占められています。自動車もインフラに次いで、現代人の生活やビジネスに欠かせないものです。

ここで、勘のいい方はすぐに気づかれたでしょう。この中で唯一、エネルギーでも自動車でもない企業、ウォルマートの存在に。

第1位のウォルマートは、2010年の同ランキングでも、石油メジャーをおしのけて、第1位を獲得しています。この時の売上高は、およそ4082億ドル。スウェーデンやノルウェーのGDPに迫る水準です。

小売業における世界ランキングでも、ウォルマートの売上高は図抜けており、第2位のカルフールを大きく引き離しています。カルフールの売上高は、ウォルマートの4分の1以下。わが国最大のセブン&アイも、ウォルマートと比較すると、7分の1程度です。

スーパーマーケットチェーンが、企業の世界ランキングのトップに名を連ねる。かつては、誰も想像していなかったことです。

フォーチュングローバル500・売上高ランキング（2016）

順位	企業	国	業種
1	ウォルマート	アメリカ	小売
2	国家電網公司	中国	エネルギー
3	中国石油天然気集団公司	中国	エネルギー
4	シノペック・グループ	中国	エネルギー
5	ロイヤル・ダッチ・シェル	オランダ	エネルギー
6	エクソンモービル	アメリカ	エネルギー
7	フォルクスワーゲン	ドイツ	自動車
8	トヨタ自動車	日本	自動車
9	アップル	アメリカ	IT
10	BP	イギリス	エネルギー

小売はそもそも、ドメスティックな業種と位置づけられていました。お客様のニーズは国や地域、生活習慣によって大きく異なり、国内でNo1になったノウハウの多くが、海外ではまったく通用しません。日本でも、外資系小売チェーンの上陸が話題になりましたが、どこも苦戦しているのはご存じのとおりです。

そんな中、王者・ウォルマートは現在、28カ国に展開し、1万1534店舗で220万人を雇用し、毎週2億人もの顧客のニーズに応えています。その国の雇用創出に貢献するとともに、生活に欠かせない存在になっているのです。日本におけるウォルマートの影響力は、傘下に入った西友を見ればわかります。

「生活圏内に西友がある」という方は、実際に売り場へ行き、ご自分の目で確かめてください。以前の西友を知る人々は、口々にこう言います。

「どんな商品も、いつ行っても安い」

「カカクヤスク、クラシヤスク」の言葉どおり、お客様の期待を裏切らない低価格が、日々、実現されているのです。

「カカクヤスク、クラシヤスク」は、ウォルマートがビジョンとして掲げる「お客様に低価格で価値あるお買物の機会を提供し、より豊かな生活の実現にする（Save money, live better.）」を日本向けの広告表現にしたものです。

ウォルマートの傘下に入ったことで、西友は生まれ変わったのです。

ウォルマートの圧倒的な強さの秘密

ウォルマートの掲げる「Save money. Live better.」をさらにさかのぼると、創業者であるサム・ウォルトンの理念に行き着きます。

草創期の１９６０〜１９７０年代から、サムは低価格へのこだわりと、顧客の満足度を上げることに執念を燃やしていました。

売値について、サムは絶対に妥協を許しませんでした。安く仕入れられたとき、普通の商人であれば、より多くの利益をとろうとします。しかし、サムは違いました。

たとえば、定価１ドルの商品を、仕入れ値50セントで入手できたとします。

「90セントで売りましょう。これでもほかの店より安いです」と店長が言うと、サムは首を横に振るのです。

「50セントで仕入れたのなら、そこに30%を上乗せする。売値は65セント。それ以上はダメだ。安く仕入れた分のもうけは、お客様に還元するんだ」

「満足を保障」するために、返品制度をいちはやく取り入れたのもサムでした。そのおかげで、「ウォルマートに行けば何でも安い」「返品できるから、安心して買える」という評判を確立できたのです。

1960〜1970年代にウォルマートが急成長した要因として、店長たちの働きも無視できません。

新しい店をオープンする際、学歴などに関係なく、自分の理念を共有できる人材を見極めて大胆に抜擢しては、自由裁量権を与え、店を任せていきました。権限委譲システムは、店長たちのやる気に火をつけました。

その一方で、サムは定期的に店に顔を出し、帳簿を一緒に見ながら言うのです。

「今、きみの店は、全店ランキングで何位だよ」

これは、店長たちの潜在能力を覚醒させる、魔法の言葉でした。結果、彼らは自分たちの改善すべきポイントを理解し、行動に移せるようになっていきました。

サムは、コストの管理も徹底的に行いました。

「自分たちが1ドルを浪費すれば、それはお客様から1ドルを奪うこととなるのだ。逆に、私たちが1ドル節約すれば、お客様はその1ドルを節約できる。」


サムは「店舗数において、全米一を目指す」というミッションを掲げ、1970〜1980年代はハイペースで新店をオープンさせていきます。その目的は、商品の仕入先であるサプライヤーと「対等な関係」を築くことにありました。

店舗数が増えれば、取引量が増え、サプライヤーへの発言力が強くなります。そうなれば、人気商品を今より安い価格で仕入れ、販売することができ、顧客の満足につながるからです。

そんなサムの背中を見て働くうちに、部下たちにも〝ウォルマート流〟の考えが染み付いていきます。同時に、自らの判断で行動する自由を得た、彼らはサムを超える発想と知恵で、ウォルマートの成長を支えていったのです。

1号店のオープンから約30年後。店舗数全米一を達成したウォルマートは、ゆるぎない小売業界の王者になっていました。

かつては卸値を決して下げようとしなかった大手サプライヤーも、今ではウォルマートを「最も大事なパートナー」と見ています。卸値を下げても、巨大チェーンとなったウォルマートの店頭に並べば、より多く売ることができます。

「お客様のために、コストを下げる」と主張しつづけ、ここまで成長をとげたウォルマートに敬意を払い、共感するようになったのです。

「カカクヤスク、クラシヤスク（Save money. Live better.）」

このビジョンは、サムの死後に作られたものですが、国が変わっても、時代が変わっても支持されつづけています。

欲しいものが安く手に入り、その分節約できれば、貯蓄を増やしたり、ほかのものが買えるようになる。ウォルマートに行けば、必ずいちばん安く買える。よその店のチラシと比べたり、遠くの店に足を運ぶ時間が節約できる。

「我々は1セントでも安く売ることで、人々の生活を豊かにしているのだ」

その誇りが、ウォルマートの社員たちを支えています。


ウォルマートの社員は、取引先の会議室で、コーヒーが出てきたら、机の上に50セント（約50円）を支払うことで知られています。

「お客様に、私のコーヒー代を払っていただくわけにはいきません」

コーヒー代、打ち合わせ場所までの交通費、資料のコピー用紙代、通常なら「たかが知れている」と見逃されるようなコストにも、彼らは敏感に反応します。

「すべての経費は、最終的に商品の売値に反映する」というわけです。

これは1960〜1970年代、サムが30％を超える価格上乗せを許さなかった精神そのものです。ビジョンに沿った言動が、リーダーから部下へ、さらにスタッフへと継承されていく。その積み重ねこそが、ウォルマートの持続的な成長を支えているのです。

ビジョンが、創業者の考え方が本人亡き後もブレることなく、正しく受け継がれることは、決して簡単ではありません。ウォルマートが50年以上も発展をし、世界最大の企業のひとつでありつづけることを「ビジネス界の奇跡」と呼ぶ人もいます。

しかし、これは奇跡ではありません。すべての社員が「共通のビジョン」を掲げ、ビジョンを実現するためのミッション（使命）を担い、ひたすら追求しつづけてきたことで、必然的にもたらされた結果なのです。彼らの行動は、本書がこれから提唱する「ミッションリーダーシップ」の理論と、みごとに合致してます。

さらに、サムとウォルマートの経営陣たちがこれまでにとってきた行動は、偉大なことを成し遂げた、歴史上のあらゆるリーダーたちにも共通しています。

人を動かし、組織を「勝ち組」に変えるマネジメントの原理原則は、時代を経ても変わらないものなのです。とはいえ、組織というものは通常、巨大化するにしたがって、設立された当初の理念が薄れ、形骸化していくものです。

ウォルマートも例外ではなく、サムの死後に、売り上げが低迷した時期がありました。同社が再び成長路線に返り咲くきっかけになったのは、独自の人材教育プログラムでした。

２００９年に設立された「リーダーシップアカデミー」は、その代表的なものです。これは、社員の潜在力を短期間で解き放ち、いかんなくリーダーシップを発揮できるようにするものです。「社員」と書きましたが、ウォルマートでは、本部で経営に携わる幹部たちも、現場で店を支えている社員も、一様に「アソシエイト」と呼んでいます。潜在能力が高いと認められたアソシエイトは、このプログラムによって、驚くような成長をとげました。

リーダーシップアカデミーのプログラムは、英国に本社を置くマッキニーロジャーズ社と共同開発されました。創立者のダミアン・マッキニーは、イギリスの特殊部隊の元指揮官で、同社のプログラムは、最新の士官学校のリーダー養成メソッドをベースにしたものです。

ウォルマートのほかにも、ディアジオ、ファイザー、チューリッヒ等、さまざまなグローバル企業で導入され、パフォーマンスを大幅に向上させています。

ウォルマートはマッキニーロジャーズ社と共同で開発したこのプログラムによって、全米で５００人以上のリーダーを育成しました。彼らはそれぞれの持ち場でリーダーシップスキルをいかんなく発揮し、現場の部下たちがビジョンに根ざした使命（ミッション）を忘れないよう、常に示唆を与えているのです。


ダミアン・マッキニーが構築したプログラムは「ミッションリーダーシップ」と呼ばれています。次の章から、ミッションリーダーシップについての細かい解説をしていきます。各章で説明する簡単なことを、１つずつ確実に実践すれば、あなた自身とあなたの組織のパフォーマンスを劇的に向上させることができるでしょう。

では、始めましょう。

第1章

ミッション リーダーシップ概論

ベトナム戦争でアメリカ軍が直面した問題

なぜミッションリーダーシップが生まれたのか？　まず、歴史的な背景を説明しましょう。

ベトナム戦争は、ベトナムの独立と南北統一を巡る戦いとして始まり、そこに「共産主義からの解放」を掲げたアメリカが軍事介入した戦争です。泥沼化した長い戦いの後、アメリカは史上初の敗北を喫し、その威信と名誉を大きく傷つけられ、アメリカ人兵士たちの心にもまた、大きな傷跡が残りました。１９６７〜１９７１年末の5年間で、アメリカ軍の脱走兵は35万人を超え、自殺者も相次ぎ、生き残り帰還した兵士たちのＰＴＳＤ（心的外傷後ストレス障害）も大きな問題となりました。

ベトナム戦争で戦死した米軍将校の約2割が味方に撃たれて死んだという事実は、軍上層部に大きなショックを与えました。誤射などの事故ではありません。味方であるはずの直属の部下に背後から撃たれ、死んでいるのです。

正気を保てないほどの厳しい戦いからのストレスが、兵士が将校を撃った理由ではありません。兵士たちは、自分たちが生き残るために、上官である将校を撃ち殺したのです。小隊はリーダーである士官が指揮をとる最小の実戦部隊。通常30人から50人ほどで編成され、最前線で生死をかけた戦闘を繰り広げます。強い絆で結ばれた仲間であり、小隊を勝利に導くべき指揮官を部下が撃つ理由は1つ。

「この人の下にいては、小隊が全滅してしまう」という判断です。

「指示が的確でない」、「判断が遅い」、「現場の状況を上に伝えられない」。ビジネスの世界では日常茶飯に出てくるような上司への不満も、戦場では命取りとなります。どんなに厳しい将校でも「この人がいなくなると部隊は生き残れない」と思えば、兵士たちはどんなことがあっても指揮官に従います。逆に「この人の下では部隊は壊滅する」と兵士が判断したとき、指揮官は背後から撃たれ、命を落とすのです。では、なぜベトナム戦争ではこのような事例が続出したのでしょうか？

見えない敵・千変万化する状況～ゲリラ戦の台頭

　戦争の形はベトナム戦争を境に大きく変化しました。それまでの戦争は、第2次世界大戦に代表されるような国と国との正規軍による大規模な戦いでした。敵の戦力や戦法を分析し、綿密な作戦を立て、それを遂行する。あるいは圧倒的な戦力でねじふせることで勝利が得られたのです。

　そこでの軍隊のマネジメント手法は「コマンド&コントロール」と呼ばれるものでした。つまり、命令と管理により、上層部が戦場の指揮官を、そして指揮官が兵士たちを駒のように動かすトップダウン式のマネジメントでした。

　上層部は戦場から遠く離れた地で、さまざまな情報を集め、戦局を分析し、それぞれの部隊に「何をどのように行うか」を命令します。たとえば「A小隊は、午前6時にB地点を出発し、同8時にC村にて食料を調達後、同11時にすべての物資をD地点に搬送すべし」といった具合です。そこでは上層部からの詳細な命令を、現場が忠実に実行することだけが求められていました。

これに対し、現在の戦争の主流は対ゲリラ戦、対テロリスト戦となりました。遊撃戦としてのゲリラ戦は2000年以上前、中国の孫子の時代にはすでに常套《じょうとう》手段のひとつとして認識されていました。しかし、それは戦術のごく一部であり、勝敗を決するのはやはり正規軍による総力戦でした。ところが、ベトナム戦争以降、ゲリラ戦は勝敗を左右する主要な戦術になっていったのです。

ゲリラは一般の農民・市民と同じ格好をして、民間人にまぎれ、その姿を隠しています。目の前の農民が突然銃を構え、攻撃してくるかもしれません。あどけない顔をした小さな子供が、手榴弾を隠し持っていることもあります。ベトナムでアメリカ軍を悩ませたのは、想定外の敵との戦いでした。

従来の戦争では、上層部による情報分析と戦略展開は、戦争の要として信頼に値するものであり、コマンド&コントロールを徹底することが、勝負を左右していました。しかし、ゲリラ戦では様相が異なります。ここで、さきほどのコマンドに戻ってみましょう。

「我々は午前8時にC村に到着しなければならない」
「食料調達は、C村でしなければならない」

ところが、実際にはA小隊が指示されたルートには、ゲリラが潜んでいるという情報が入ります。C村の村民もゲリラが扮している可能性が高い……。すべての情報は不確実であり、戦局は刻々と変わります。上層部の判断をあおぐような時間はありません。ここでA将校は、小隊を守り、ミッションを遂行するために、どのような判断をするべきなのでしょうか。

「我々は午前8時にC村に到着しなければならない」
「食料調達は、C村でしなければならない」

A将校が唯々諾々と上層部の言うことに従い、あくまでも命令を優先するだけの行動を兵士たちに強要したとしたら……。

「この人の下にいては小隊は全滅してしまう」

と部下に判断されることになるでしょう。

こうして「現場での判断ができない」「上層部に従うだけ」だった多くの指揮官たちが、ベトナムで味方に撃たれ命を落とすこととなったのです。

このような結果を招いた原因は、どこにあるのか。上層部は膨大な事例をひとつひとつ検討しました。すると、撃たれた指揮官は決して能力が低かったわけではなく、むしろ士官学校の厳しい教育に耐え、優秀な成績で将来を嘱望されていた優等生が多かったことに気づいたのです。

伝統的な中央集権型の軍隊マネジメントは、もはや過去のものとなり、現代の戦争に適した大きなパラダイムシフトが必要である。そう判断した上層部は、「コマンド&コントロール」に変わる、新しいリーダーシップの手法の模索を始めました。

「命令」から「使命＝ミッション」へ

　欧米の軍隊では国家の安全と兵士の命を守るために、膨大な国家予算を注《つ》ぎ込み、戦場で勝ち残る軍隊を作るための実践的技術や理論を徹底して研究・構築してきました。なかでも組織を動かす要である優れたリーダーの養成は、歴史的にも最も重要視されてきた分野です。

　ベトナム戦争を契機に、古代ローマまでさかのぼり、あらゆる戦争における組織論の洗い出しとその結果が分析され、中央集権型の「コマンド&コントロール」の根本的な見直しが行われました。

　そこで、注目されたのが19世紀のプロイセン軍における分散処理型の組織マネジメントです。

　1806年、プロイセン軍はイエナ・アウエルシュタットの戦いにおいて、ナポレオン軍に手痛い敗北を喫しました。当時のプロイセン軍は、厳しい規律と訓練により鍛え上げられた世界で最も強い軍隊としてその名を馳《は》せていました。これに対し、ナポレオン軍は機動力の高い散兵戦術を用いてプロイセン軍を撹乱《かくらん》。甚大な被害を受けたプロイセン軍はその後の戦いで壊滅状態に陥り、プロイセン全土がフランスに制圧されることとなります。

軍上層部は敗北の原因を分析。刻々と変化する予測不能な戦場においては、本部の命令を忠実に実行するというプロイセン軍の特質は、むしろ足かせとなることを知ります。新たなる手法は「現場への権限委譲」でした。

年配の司令官は更迭《こうてつ》され、新たな教育を受けた士官の登用が進められ、その結果、軍に新たな行動規範が定着しました。司令部は具体的で細部にわたる命令、つまり「何を（what）どのように（how）やるか」ではなく、広い方向性つまり「何を（what）なぜ（why）やるのか」を現場指揮官と共有するようになったのです。ここで重要なことは「どのように（how）」の決定と実践が現場指揮官に委ねられているという点です。

上から与えられた「命令」が、達成すべき「使命＝ミッション」として共有されたとき、組織はドラスティックに変わりはじめます。自ら考え行動する自由と権限を得た現場指揮官は、自らの能力を最大限に生かし、ミッション達成のために自律的な行動をとるようになります。そしてそれは兵士ひとりひとりにも波及し、硬直化していた組織は、柔軟な組織に生まれ変わっていったのです。

ドイツ語で「アウフトラグ スタクティク（ミッションに基づいたリーダーシップ）」が誕生した瞬間でした。

しかし、この優れた手法は他国によって研究されることもなく、20世紀の戦争の軍隊マネジメントは、中央集権型のコマンド&コントロールへと戻っていきました。

そしてベトナム戦争以降、ゲリラ戦やテロリスト戦に対する有効な組織マネジメントが模索されるなかで、英国軍が中心となってプロイセンの組織マネジメント手法「アウフトラグ スタクティク（ミッションに基づいたリーダーシップ）」が再び研究され、「ミッションコマンド」として生まれ変わることとなったのです。

多国籍軍とグローバルビジネス

現代の戦争にはもうひとつ、新たな特徴があります。それは多国籍軍による軍事活動です。多国籍軍は国連安保理の決議や勧告を受けて、加盟各国が合同で編成する一時的な軍隊です。これまで、多国籍軍は湾岸戦争やコソボ紛争、アフガニスタン紛争、イラク戦争などに参加し、国際平和の名の下にミッションを遂行してきました。

多国籍軍は一枚岩の組織ではなく、さまざまな国の軍隊が一時的に集められた、いわば寄せ集めの軍隊です。それぞれの国の思惑、軍隊としての活動条件の違い、言語の違いなど、複雑な条件が混在するなか、彼らはひとつのミッションを共同で遂行することが求められます。

さらに多国籍軍が活動するのは、言葉も習慣も違う異国の地です。そこでミッションを遂行するために必要なことは、地元の人たちとの信頼関係を築くことです。いわばステークホルダーである地元の軍隊、警察はもちろん、病院や一般市民からの信頼を勝ち得なければ、作戦の成功はおぼつきません。

「言葉が通じないので直接の対話ができない」
「通訳にこちらの意図が伝わらない」
「価値観や習慣が違う」
「相互理解には時間がかかる」

海外展開した企業の担当者が、よく口にする〝いいわけ〟ですが、軍隊では一切許されません。多国籍軍は、異国の地である戦場に到着すると同時に作戦活動に入り、確実にミッションを達成しなければなりません。

そこで研究されたのが、異なる言語・異なる価値観をもつ人とのコミュニケーション方法です。複数のステークホルダーとひとつのビジョンを共有し、他者の信頼を勝ち取る普遍の法則。こうしてミッションコマンドは、さらに洗練された手法として体系化されていきました。

1990年代にNATO軍は公式マネジメント理論としてミッションコマンドを採用し現在も各国の士官学校で最強の組織を率いるためのリーダー教育の一環となっています。

ミッションリーダーシップの誕生

「ミッションリーダーシップ」は、ミッションコマンドをビジネスに応用するために再構築した、最強の組織マネジメント理論です。その最大の特徴は、誰もが理解できるシンプルな構造と、それを実践に落とし込む日常の訓練システムにあります。

実践的かつ強力なこの手法は、ひとりひとりのやる気と能力を最大限に引き出し、さらに組織・チームのパフォーマンスを無限大に高める手法として、多くの欧米企業に導入され、確実な結果を出しています。日本でもファイザーやグラクソ・スミスクライン、昭和シェル石油、ローソン、ANAホールディングス、等に導入されています。

2004年、MHD（モエヘネシー　ディアジオ）の社長に就任した私は、欧州のグループ企業に導入され、目覚ましい成果を上げていた「ミッションリーダーシップ」の話を聞きました。当時、外部から社長に招聘《しょうへい》されたばかりの私は、体制を整える間もなく、大株主から厳しい達成目標を突きつけられていました。そんな状況の下で、短期間で結果を出さなければいけない。それは多国籍軍が、見知らぬ土地でミッションを完遂するのと同じような状況だと思いました。そこで私は軍隊式マネジメントから生まれたという「ミッションリーダーシップ」に興味を抱いたのです。

みなさんは軍隊におけるリーダーシップ理論〝士官学校のマネジメント手法〟と聞いて、どんなイメージを思い浮かべるでしょうか?

みなさんと同様、私の頭に浮かんだものは「リーダーへの絶対服従」「命令に従い駒のように動く兵隊」といった昔ながらのイメージでした。しかし、軍隊という特殊な環境では通用しても、ビジネスの世界でそんな強権的なマネジメント手法など、役に立つはずがありません。ましてや今の日本でそんなやり方をしても、社員はついてこないでしょう。しかし、そんな思い込みはすぐに否定されました。

個人の能力を引き出し、自由で自律的な行動を呼び起こし、チームが期待以上の力を発揮させるためのリーダーを育成する方法論。それが戦争という極限の環境下で磨き上げられた組織マネジメント手法であるミッションコマンドを、再構築したミッションリーダーシップだったのです。

ミッションリーダーシップのシンプルな構造

ミッションリーダーシップは3つの要素から成り立っています。

ビジョンとミッション　夢のあるビジョンを掲げ、ビジョンを実現するステップとしてのミッションを明確にする。

リーダーシップ　組織メンバーの信頼を獲得し、組織の潜在能力を最大化するリーダーとしての言動。

習慣化　日常的・長期的に実践を繰り返すことにより習慣化する。

この3つの要素はお互いに支え合っています。この3つを機能させることで、今ある組織は「最強の組織」へと生まれ変わります。

簡潔で夢のあるビジョンを構築する

ビジョンとは、組織全体が目指す夢です。明確なビジョンはあらゆる組織に必須のものであり、組織のメンバーの行動を連動させ、夢の実現へ駆り立てる原動力となります。

一方、ミッションは、ビジョンを実現するための現実的なステップです。ミッションをひとつひとつ達成していくことが、ビジョンの実現へとつながります。

ビジョンは組織メンバー全員が共有する唯一の目的です。これに対し、ミッションは、社長以下、役員、管理職、すべての部署、すべての社員に設けられる具体的な戦略目標です。ビジョンとミッションで共通に求められるものは簡潔さです。

「簡潔なものは理解される、理解されたものは実行される」。全員がビジョンを共有し、理解するためには、曖昧さのない簡潔な言葉が重要となります。

実際には、企業役員レベル間ですらさえもビジョンが完全に共有されていることはまれです。実際に各役員に自分の会社のビジョンを書き出してもらうと、「違う言葉」「違う表現」が並ぶことがほとんどです。言葉や表現が違えば、そこに理解の差が生まれます。ごくわずかな違いも、部長・課長に伝えられたときには、さらに大きなズレとなります。そして、一般社員に届いたときには、本質が見失われ、意味のない言葉となっているのです。

高い能力をもった経営幹部が議論を重ねて作り上げたビジョンも、簡潔な言葉で伝えなければ行動を引き起こす原動力にはなりません。日頃、「上層部の考えがわからない」「自発的に動く部下がいない」と感じている場合は、ビジョンが簡潔であるか、役員から一般社員に至るまで理解されているかを確認するべきでしょう。

「Save money. Live better. カカクヤスク、クラシヤスク」

これは序章に登場した世界最大の小売業ウォルマートのビジョンです。どこよりも安く商品を提供し、より良い暮らしを実現する。

英語でたった4つの単語からなるこの言葉は、ウォルマートに関わるすべての人に理解されている簡潔なビジョンです。ここにはビジョンに欠かせない大切な要素が含まれています。人々の暮らしを良いものにしたいという「夢」です。

「なんとしてでも成し遂げたい」「自分の人生をかけて成し遂げる意義がある」。そう思えるビジョンこそが、個人の自律性を促し、能力を最大限に引き出す原動力となるのです。

組織を動かすリーダーシップ

「何のために（ビジョン）、何をすべきか（ミッション）」が明確になるだけでは、組織の中で社員が自律的に行動を起こすことはありません。そこには優れたリーダーが不可欠です。

　リーダーとは、メンバー個々人の力を最大限に引き出すと同時に、ベクトルを合わせてチーム「全員」を率いて高い目標を達成する人です。

　今日、ビジネス環境はめまぐるしく変化し、先の読めない状況にあります。そこでは各部署、各個人による情報の収集と迅速な判断が不可欠であり、また、複数部門にまたがる業務の対応も組織全体のミッションの達成には欠かせません。

　そこで必要とされるのがリーダーシップです。現在のスピード化、多様化したビジネス環境に対応するためには、少なくとも組織の2割の人材がリーダーになることが求められています。ひとりのカリスマリーダーが全社員をコントロールするやり方では生き残ることはできません。選び抜かれた優秀な人材のみならず、ごく平均的な人間をリーダーとして育てるにはどうしたらよいのか。

　まずは、戦場で部下の命を預かる指揮官を育てる、士官学校のリーダー養成方法をのぞいてみましょう。

士官学校のリーダー養成術

『精神分裂者でなければ誰でもいい、私のところに連れてきなさい。その人をリーダーにしてみせよう』

これは、アメリカのエリート士官養成学校として名高いウエスト・ポイント元校長のデイブ・パーマー将軍の言葉です。

ウエスト・ポイントはこれまで世界で最高の指揮官はもちろん、各界を代表する優れたリーダーを送り出してきました。古くは第18代アメリカ大統領になったグラント将軍、GHQ最高司令官として日本に赴いたダグラス・マッカーサー、湾岸戦争の総司令官として活躍したノーマン・シュワルツコフ。財界ではコカ・コーラ社、ゼネラル・ダイナミックス社、デュポン・ケミカル社、シアーズ・ローバック社、ITT社などのCEO。教育界ではコロンビア大学、ジョージア工科大学、カリフォルニア大学バークレー校の学長。錚々《そうそう》たる一流組織のリーダーの多くがウエスト・ポイント出身なのです。

彼らはみな、生まれながらにしてリーダーであったわけではありません。リーダーを養成する優れたプログラムよって、リーダーになったのです。

リーダーに求められる覚悟

「リーダー」の定義とは何でしょうか。

広辞苑では
リーダー：指導者。先導者。首領。（第6版より）
と説明されています。しかし、これは士官学校で定義されているリーダーとは異なります。リーダーとは、メンバー個々人の力を最大限に引き出すと同時に、ベクトルを合わせてチーム「全員」で高い目標を達成する人です。
ナポレオンはこのように語りました。
A leader is a dealer in hope.
リーダーとは「希望を与える人」のことである。

希望を与える人とは、

・夢のあるビジョンを掲げ
・ビジョンを実現するための、明確な道筋を示し
・メンバーを鼓舞してチームの力を最大化し
・ビジョンを実現した喜びを分かちあう人のことです。

日本語のリーダーは、上に立つ者というイメージがありますが、ミッションリーダーシップにおけるリーダーとは「組織力を最大化する人」です。

では、組織力を最大化するために、リーダーに求められることとは何でしょう。士官学校ではまず、リーダーとしての覚悟=リーダーアイデンティティの形成を重視します。

リーダーアイデンティティとは、「いかなる困難があっても、全員で、高い目標を

達成する覚悟」です。メンバーの能力を最大限引き出し、全員で目標を達成するリーダーとしての覚悟を重視するのです。

士官学校ではさまざまな訓練を通じて、その人がミッションにどう取り組むかを観察します。士官として「チームでミッションを遂行できるのか」「部下を預けられるのか」が評価されるのです。

企業でもリーダーアイデンティティを正当に評価することが求められます。しかし、短期的な数字だけでは判断することはできないため、一定の期間をおいて注意深い観察・評価を行うことが必要です。

着目点のひとつは「高い目標を設定しているかどうか」です。低い目標であれば達成できるが、高い目標は達成できない、あるいは高い目標を設定したがらないリーダーは、この覚悟が不足しています。「目標が高いので、もう少し下げてください」と言うリーダーには、覚悟を問い直すべきでしょう。

順調なとき、景気がいいときに「前年比10％の売り上げ増」と言うのは簡単です。全体が落ち込んでいるとき、業界全体が沈んでいるときにこそ、高い目標を掲げること。それは、もしかすると「前年比5％」かもしれません。「今は環境が悪いので2％にするほうが現実的だ」と考えるのではなく、5％達成のために何が必要かを考え、部下を鼓舞して達成する。それがリーダーの役割です。

チーム全員の力を引き出しているかどうかも重要です。10人のチームで1人を切り捨て、残りの9人で目標を達成したのだとしたら、リーダーとしては失格です。これは戦場で、負傷した仲間を置き去りにしてミッションを達成することと同じだからです。

「あいつは能力が低いから」と切り捨てる。「面倒なやつだから」と放っておく。これではたとえ目標を達成してもリーダーとして評価することはできません。すべての部下の力を最大限引き出すことが、リーダーに求められることなのです。

小栗旬主演で映画化もされた人気コミック『宇宙兄弟』をご存じでしょうか。宇宙飛行士になった弟を追いかけ、一般企業をリストラされた兄が宇宙を目指すストーリーです。その中で、NASAでの興味深いテストの様子が描かれています。

宇宙飛行士の候補生たちは、宇宙ステーションを模した閉ざされた空間で生活を共にしながら、さまざまなテストや作業を課されます。しかもチームとして行動する仲間同士の評価によって、不合格者が振るい落とされるという負荷がかけられています。チームの利益を優先するべきなのか、試験官に対し自分をアピールすべきなのか。疑心暗鬼の中、テストは進行し、徐々に「極限の状態の中でリーダーに求められるものは何か」が明らかになっていきます。

NASAで行われている「NOLS訓練」(National Outdoor Leadership School)も有名です。これは、野外で実施する訓練で、大自然の中で厳しいストレスを受けながら、10日ほど毎日、リーダーを交替しつつチームで行動する訓練です。自分の限界だけではなく、メンバーの限界も考えながら、目標を達成することが求められます。実はNOLS訓練も含め、NASAのプログラムの多くは、軍隊メソッドを応用しているのです。

ビジネスでも戦場でも宇宙でも、ギリギリの条件下では「メンバーの全員の能力が生かされているかどうか」が、生き残りを左右する決め手となります。

そのため、常日頃から「全員で」という部分にこだわりぬくことが、リーダーとしての必須条件なのです。士官学校ではあらゆる機会を使って「全員でやりとげる」ことを習慣化し、リーダーアイデンティティを確立していきます。

「チーム」という概念を考察する

みなさんは「チーム」について、どんなイメージをお持ちですか？

チームという言葉も、もともと日本語で表現する言葉がなかったため、そのまま外来語として定着しています。「共同で仕事をする集団」であるとか「同じ目的のために活動する集団」、「スポーツ競技でのチーム」という意味があります。

欧米の人がイメージするチームは、積極的に勝ちに行く集団です。スポーツのチームに近いものです。また、欧米では最高意思決定機関を「エグゼクティブチーム」あるいは「リーダーシップチーム」と呼びます。組織を成功させる使命があり、目標を達成するためにチームを形成しているのです。

これに対して日本ではチームというと「仲よし」「一緒に行動するグループ」というイメージが先行します。「結果よりも人間関係が大切」「人数分の力が発揮されれば十分」という発想が根底にあるからです。

一方、私たちは、チームとは「1+1＞2」の力を生み出すものだと考えています。1+1=2という、人数分の力を発揮するだけではチームの意味がありません。人数以上の力を生み出し、個々人では不可能なことを可能にするのがチームなのです。

ハイパフォーマンスチームとは

ミッションリーダーシップで目指すのはハイパフォーマンスチームです。我々はハイパフォーマンスチーム（ＨＰＴ）を「常に期待を上回るチーム」と定義します。偶然やときどきではなく、常に個人の能力の総和を超える結果を出すチーム。それを可能にするためのしくみが、ミッションリーダーシップです。

「常に期待を上回る」ことで、チーム内にはお互いに対する信頼感が生まれます。しくみにより、成功を繰り返し再現すること。それが信頼感を高め、チームのパフォーマンスを最大限に高めていきます。個人の能力の総和を超える結果を出すチームとは何か。ひとつ例をあげてご説明しましょう。

30人31脚という競技をご存じですか？　クラスメイト全員が横一列に並び、２人３脚の要領で隣の人と足を結び、ゴールまでのスピードを競う競技です。

クラスには、足の速い人と遅い人がいるものですが、どんなに足の遅い人であってもメンバーから外すことはルール違反です。全員で走りきることが鉄則です。この時遅い人に合わせると「期待を上回る結果」を出すことはできません。ハイパフォーマンスチームになるには、「最も速く走る人の速度に合わせる」ことで、全員の能力を引き上げることが求められます。この競技の難しさはそこにあります。

遅い人を「足手まといだ」と思う人がいる限り、チームのパフォーマンスは上がりません。個人の能力を超えた結果を出すにはどうしたらいいのでしょう。実際に30人31脚の体験者に話を聞いてみると、個人個人が筋力をアップしたり、体力をつけるよりも、「声をかける」「全員で協力」「リズムを合わせる」といった自律的チームワークを高めることのほうが、タイムは確実にアップすると言います。さらに勝利に向かって励ましあうこと。決してあきらめず、工夫と努力を続ける自由闊達なチームでありつづけることが、チームパフォーマンスを高めるカギとなります。

リーダーとしての効率的な思考方法

チーム全体のパフォーマンスを上げるために、非常に有効な思考方法があります。論じるよりも、理解を早めるために、ひとつの課題を出しましょう。

まず、ペンと定規を用意してください。

問：1つの三角形を3つの三角形に分解し、それらを組み合わせて正方形を作りなさい。

どのように答えを出しましたか？

回答にたどりつくためには、２つの考え方があります。

１つは、状況と手段から問題を解く方法です。つまり、三角形を描いて、それをどのように３つに分解すれば、正方形ができるか考える方法です。

現状の問題点をどう解決すれば、目的を達成できるのか？ という思考パターンです。

もう１つは、目的から考える方法です。つまり、最終的な目的である四角形を描いてから、分割していく方法です。

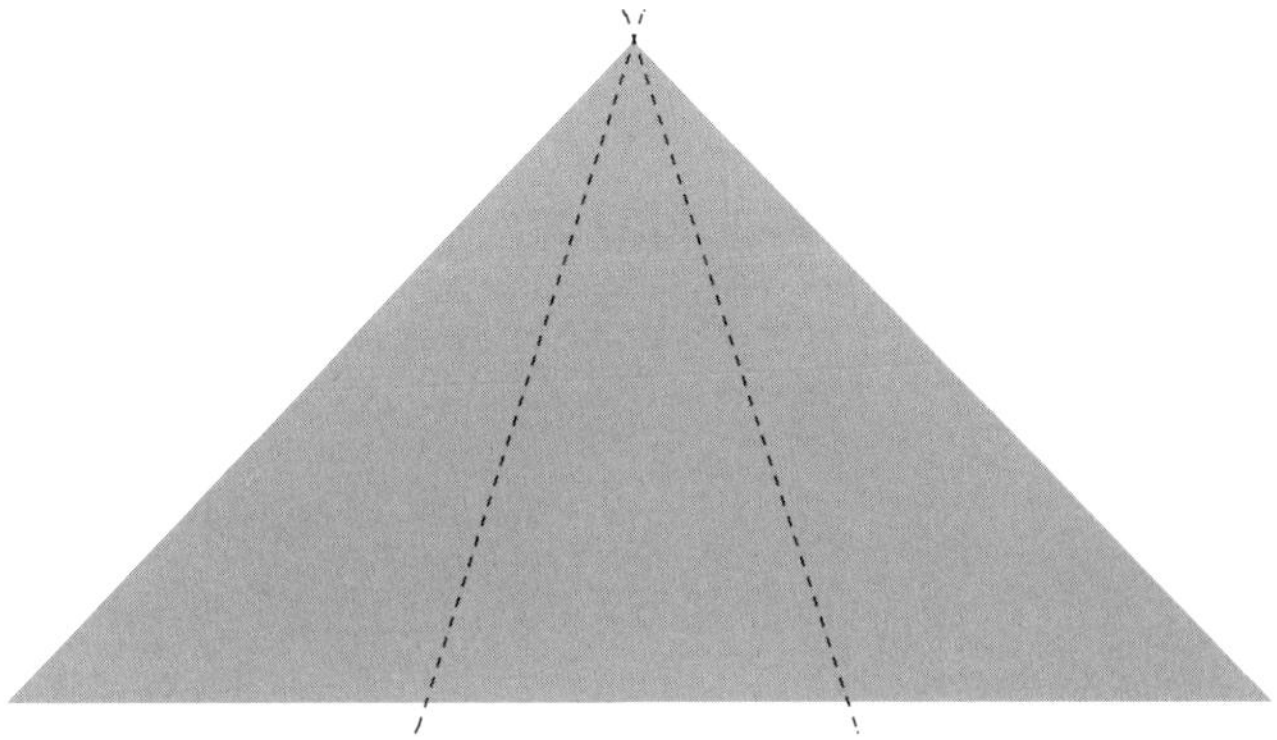

状況や手段から考えるよりも目標から考えるほうが、解決方法に早く到達できます。

思考パターンを「目標から考える」ことで、チーム全体でどうしたらよいかという解決方法を早く見つける。それがハイパフォーマンスチームを率いるリーダーとして

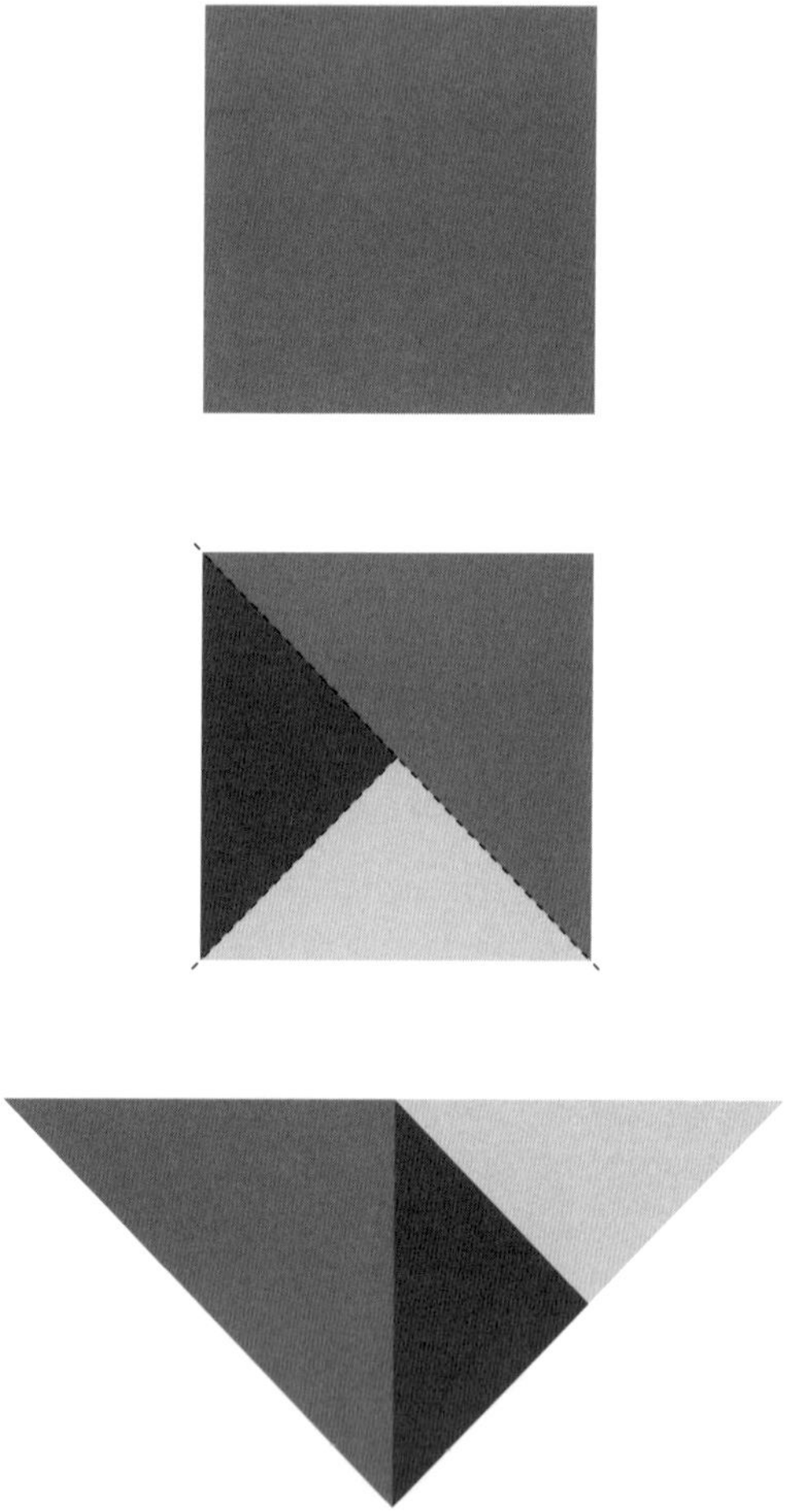

の有効な思考方法のひとつです。

習慣化こそが成功のカギ

これまで「ビジョンとミッション」「リーダーシップ」についてお話をしました。ミッションリーダーシップの３本目の柱は「習慣化」です。

・夢のあるビジョンを掲げる
・ミッションを明確にする
・リーダーを育成する

しかし、それを日々実践するには、リーダーとして最適な言動を習慣化することが必要です。

では、いよいよ次章から、ミッションリーダーシップの具体的な内容・実践習慣化の方法について、お話しさせていただきます。

第1章　まとめ

●ミッションリーダーシップは、多国籍軍の最新のマネジメント理論をビジネスに応用した、戦略遂行手法である。

●簡潔で夢のあるビジョンとミッション、組織力を最大化するリーダーの存在が、常に期待を上回るチームを作る。

●成功のカギは習慣化にある。

第2章

チームを勝利に導くためのプロセス

夢のあるビジョンの作り方

あなたの組織の目指すビジョンを次の枠内に記入してください。上司や部下にも記入してもらう場合は、別紙を用意してください。

組織のビジョン（記入日　年　月　日）

記入できましたか？

中国の格言に次のような言葉があります。
「聞いたことは忘れる。見たことは覚える。やったことは身に付く」

どんなに優秀な人でも、聞いただけのことはいずれ忘れてしまいます。しかし実際に体験したことはいつまでも記憶に残るものです。そして、それが繰り返され習慣となったとき、その人の能力は一段にアップしています。学習による知識の定着度は、読むことは10％、聞いたことは20％、見たことは30％、見て聞くことは50％、言葉に出して言うことは70％だといわれています。

これまでも数多くの組織マネジメントが研究され、毎年多くの書籍が出版されています。セミナーも大盛況です。しかし、それらが実際に個人を変え、組織を変えることはまれです。なぜなら実践を伴わない知識が現実に影響を及ぼすことはできないからです。

人を動かすしくみを学び、知識を実践し、習慣に落とし込まなければ、戦争の経験則から学び、国家予算を注入して作り上げた軍隊のマネジメント理論も、単なる読み物で終わることでしょう。

先程、ビジョンを枠内に書き込みをされなかった方は、今、ペンをとって、会社のビジョンを書き記してください。本を読みながら実践していただくこと。これがミッションリーダーシップを理解し、身に付ける最短かつ最良の方法です。

強力な求心力をもつビジョンの設定

ベトナム戦争を舞台に空想のストーリーで考えてみましょう。

はじめに登場するのは、ベトナム戦争で部下に撃たれて死んだA大尉と、彼を撃った兵士です。百戦錬磨のA大尉は、いわゆる叩き上げの軍人です。多くの戦いに参加し、自ら切り込み隊長として勇猛果敢に戦い、その功績が認められて大尉にまで昇進しました。そんな彼が部下の兵士に撃たれて命を落としたのは、一体なぜだったのでしょうか？

A大尉「おまえはなぜ私を撃ったんだ？　私はおまえに恨まれるようなことをした覚

えはないぞ」
兵士「私は個人的な恨みで、あなたを撃ったのではありません」
A大尉「では、なぜだ」
兵士「大尉は私たちに、敵の砲弾の前に飛び出すように命じました」
A大尉「臆病風に吹かれたということか。おまえは最低の兵士だな。あれは戦いに勝つために必要なことだったのだ」
兵士「高い確率で死ぬとわかっていても、それが正義のための

エドガーデールの学習の法則ー経験の円錐

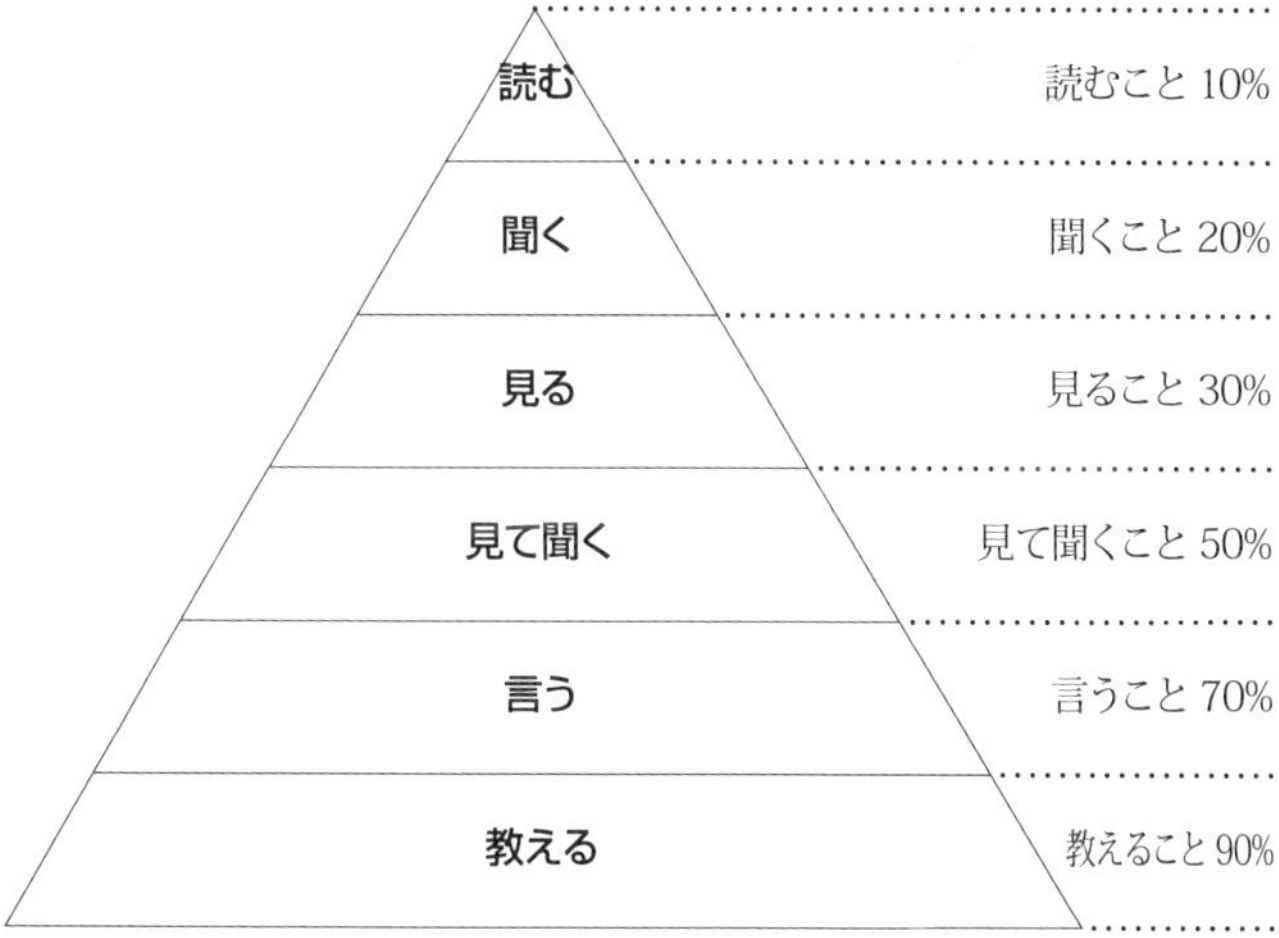

（資料1）File:Edgar Dale's cone of learning　アメリカの教育学者エドガー・デールの「経験のコーン」

戦いであるなら、私は砲弾に立ち向かっていったでしょう。しかし、私には、あの戦いが何のための戦いなのかがわからなかったのです!」

A大尉が撃たれた理由がおわかりでしょうか。

それは「ビジョン」の欠如です。ビジョンとは組織全体の最終的なゴールです。すべての行動は、このビジョンの実現に向かうものです。

ベトナム戦争の帰還兵を対象にしたインタビューによると、多くのアメリカ軍兵士が「戦争の意味、アメリカの役割に疑問を持っていた」と答えています。ベトナム人を救いに来たはずなのに、現地の人々に敵視され「何のために、自分は今、ここにいるのか」と日記に書き記した若い兵士もいました。「何のために」がわからない。何のために家族と離れ、何のためにつらい行軍に耐え、何のために命をかけるのか。そこに夢のあるビジョンがなければ、戦争は単なる人殺しに過ぎません。人を殺す、人に殺される。その極限の状況で兵士が正気を保っていられるのは、ビジョンが兵士の心を支えているからにほかなりません。

戦争における夢のある「ビジョン」とは何でしょうか。ベトナム軍には「祖国の独立と自由を守る」という、崇高なビジョンがありました。もしこれがアメリカ軍にとっても「アメリカを守り、愛する人を守る」戦いであったなら、どうだったのでしょうか。どんなに訓練された兵士でも、死と隣り合わせの戦場は恐ろしいものです。実際に何カ月にもわたる作戦行動が続くと、高いモチベーションを維持することは次第に困難になり、誰もが恐怖にとらわれ、逃げ出したい気持ちになるといいます。

人を動かし組織を動かすものは、崇高なビジョンです。ぎりぎりの体験をしていない人にとっては、きれいごとに感じるかもしれません。しかし、実際に「国を守るため」「平和を守るため」という崇高なビジョンが兵士の誇りとなります。そして、ビジョンを共有して共に戦っている「仲間を殺す訳にはいかない」という強い気持ちは、死の恐怖さえも克服して、兵士を敵前に向かわせます。

さらに、そのビジョンは仲間や家族と共有されることで、より強い気持ちと行動が促されます。「お父さんは遠い外国で、平和のために戦っているの」幼い娘のそんな言葉を聞いた父親は誇りと共に、絶対に生きて帰ると固く心に誓うことでしょう。

ウォルマートの優れたビジョン

序章でご紹介したウォルマートのビジョンを再確認しましょう。

「Save money. Live better.（カカクヤスク、クラシヤスク）」

世界28カ国で店舗数1万を超え、総従業員数220万人超のこの巨大企業を動かしているのが、英語でたった4単語のこの言葉です。この言葉はウォルマートに関わるすべての人に間違いなく記憶され、現在もすべての社員の行動の指針になっています。

ここには人を動かすビジョンに欠かせない大切な要素が含まれています。

- 夢があること

・簡潔、明確であること
・力のある言葉が使われていること

　人を動かす原動力は「夢」です。ウォルマートは安売りを目的としているのではありません。人々が必要としている商品を1セントでも安く売ることで、人々の生活を豊かにします。そのためにはバイヤーは1セントでも安く商品を仕入れる必要があります。草創期のウォルマートでは、ブローカーやベンダーに仕入れを任せることなく、幹部自らがトラックを運転して仕入れに行くことが当たり前でした。

　ウォルマートで買い物をすると、お金が節約できる。そのお金はきっと明日からの生活を豊かにします。ウォルマートならいつでもいちばん安い買い物ができる。それがわかればお客様はもうチラシを見比べたり、特売の一品のために遠くの店に足を運ぶ必要もなくなります。それは、お客様の生活をより豊かにします。このように「夢のあるビジョン」があるからこそ、社員は誇りと喜びをもって自発的に行動し、よりよい仕事をしようと努力するのです。

人を動かすビジョンを作る

この章の冒頭で、みなさんに組織のビジョンを書いていただきました。それは人を動かす「夢のあるビジョン」になっていますか？　いきなり「夢を描け」と言われても、どうしたらいいのかわからない場合も多いでしょう。そんな時はまず、会社の歴史を考えてください。企業にとってのビジョンは、会社の歴史を反映し、かつ会社の将来を明示するものであるべきです。

競合他社との差別化も重要です。他のどの会社でもなく「自分たちが成し遂げるべき」という思い入れができるかどうか。「なんとしてでも成し遂げたい」「自分の人生をかけて成し遂げる意義がある」。そう思えるビジョンこそが、個人の自発性を促し、能力を最大限に引き出す原動力となるのです。

次の要素は「簡潔、明確であること」です。ビジョンは組織のすべての指針となるものです。誰にでも間違いなく理解ができること。簡単に記憶できること。人による解釈のブレがないこと。このすべてが求められます。
指標のひとつになるのが「文字数」です。読んだ瞬間に、理解できること。一度聞いただけで簡単に記憶ができること。これが優れたビジョンの条件です。日本語ならば、目安は20文字です。

使うのは「平易な言葉」であることが大切です。ビジョンは上層部だけのものではなく、入社1年目の新入社員や派遣社員、ひいてはパートやバイトに至るまで、会社に関わるすべての人が共有するべきものです。難しい言葉や凝った言い回しを避け、誰にでも理解できるわかりやすい言葉を選びましょう。

「力のある言葉」とは、10年間繰り返し言いつづけられる言葉です。何度も繰り返し口に出し、その度に心に刻み込めるような言葉。社員全員が使いやすいなじみのある言葉を活用するとよいでしょう。

最後にそのビジョンを外国語に翻訳してみましょう。シンプルで力強いビジョンは外国語に翻訳しても意味のブレがないものです。個人による解釈の違い、意味のブレが生じない言葉にブラッシュアップしてください。

ビジョンまとめ

夢があること
会社の歴史を反映すること
誰もが誇りに思えること

簡潔さ、明確さ
20文字を目安にまとめること
誰にでも理解ができること
誰にでも記憶できること
翻訳しても意味が変わらないこと

力のある言葉を使う

何度でも繰り返せること
何年間も言いつづけられること
全員が一言一句、統一して使えること
組織で使われている言葉を活用すること

さて、ここで第2章のはじめのワークシートに戻りましょう。前のページを開かずに、もう一度組織のビジョンを書き記してください。

組織のビジョン（記入日　　年　　月　　日）

今、記入したビジョンを前のページと比較してください。100％同じ言葉で書けていますか？　次に、周りの人に記入してもらった会社のビジョンと、自分が記入したものを比べてみてください。選ぶ言葉が違うのは、捉え方の違いです。捉え方が違えば、そこから生まれる行動にもズレが生じます。

ビジョンの共有ができていないことが実感できたら、本気で会社のビジョン作成に取り組んでください。チーム内でビジョンについて語りあい、全員が共感し、やる気を呼び覚まされるようなビジョンを作り上げるのです。言葉を共有し、夢を共有すること。時間のかかる作業ですが、そうして作り上げたビジョンによって、組織の潜在能力が引き出され、常に期待を上回るハイパフォーマンスチームへと変貌していきます。

簡潔で明確なミッションの作り方

ビジョンの次に来るものはミッションです。ミッションはビジョンの実現に向けてのステップです。企業であれば、各部署や各個人に達成すべきミッションがあり、それをひとつひとつ確実に遂行することが、ビジョンの実現に直結していきます。ミッションに求められる条件は以下のとおりです。

- ビジョンを実現するためのステップであること
- 簡潔、明確であること
- 期日が明記されていること
- 「何（what)」と「なぜ（why)」関係が明確にされていること

ミッションは具体的な戦略目標です。ビジョンには「夢」が必要ですが、ミッションには「リアル」が求められます。正しくミッションが設定されれば、担当者はすぐに行動を始めることができるはずです。

簡潔、明確であることに関しては、ビジョンの作成と同様です。20文字を目安に、誰もが理解できる簡単な言葉と、シンプルな表現をすることを常に心がけてください。一度聞いただけで、記憶できるような表現になるようブラッシュアップしてください。例をあげてみましょう。

「がんばろう！」「絶対に達成するぞ！」と毎朝、社員全員で勢いよく声をあげる職場があります。しかし、なんとなく気合いが入ったような気がしても、具体的に誰が何をいつまでにすべきかが明確でなければ、実際の行動にはつながりません。

ミッションを共有したら、リーダーは常に「我々の部署のミッションは何か？」「あなたの現在のミッションは何か？」をメンバーに確認すること。もし明確な言葉で即答できないメンバーがいたとしたら、ミッションの練り直し、あるいは共有の徹底を図る必要があります。一般的に、目標を立てるときは「SMARTの法則」と呼ばれるルールに従います。

Specific（具体性）

目標には具体性が必要です。人によって理解にブレがない、具体的な内容を明示すること。

Measurable（測定可能）

数値で評価が可能であること。単なるイメージではなく、客観的に達成度合いを示すことができる評価項目があること。

Agreed（合意されている）

上司、部下、関連部門が納得し、合意していること。

Realistic（実現可能）

大きすぎたり、期限が長すぎる目標は実行力が低下します。達成可能な範囲であること。

Time-bound（明確な達成期日）

達成期日を定め、周知させること。

ミッションの「何（What）」と「なぜ（Why）」

ビジネスでも軍隊でも、戦略や計画と呼ばれるものは膨大な分量になります。パワポスライドで数百ページに及ぶこともまれではありません。それを各部門や各個人の簡潔で明確なミッションとして整理整頓するのです。

自分が達成すべきこと＝「何（What）」と自分の上司が達成すべきこと＝「なぜ（Why）」というルールに基づき、ミッションとミッションの関係を明確にします。これは自部門のミッションが「何（What）」で、その上位部門のミッションが「なぜ（Why）」という関係でも同様です。このように全てのミッションとミッションが関係付けられると、組織の最上位の「なぜ（Why）」に行きつきます。それがビジョンです。

例えばウォルマートの場合、「来客パターンに合わせた勤務シフトを確立する」こ

ウォルマートのビジョンとミッション

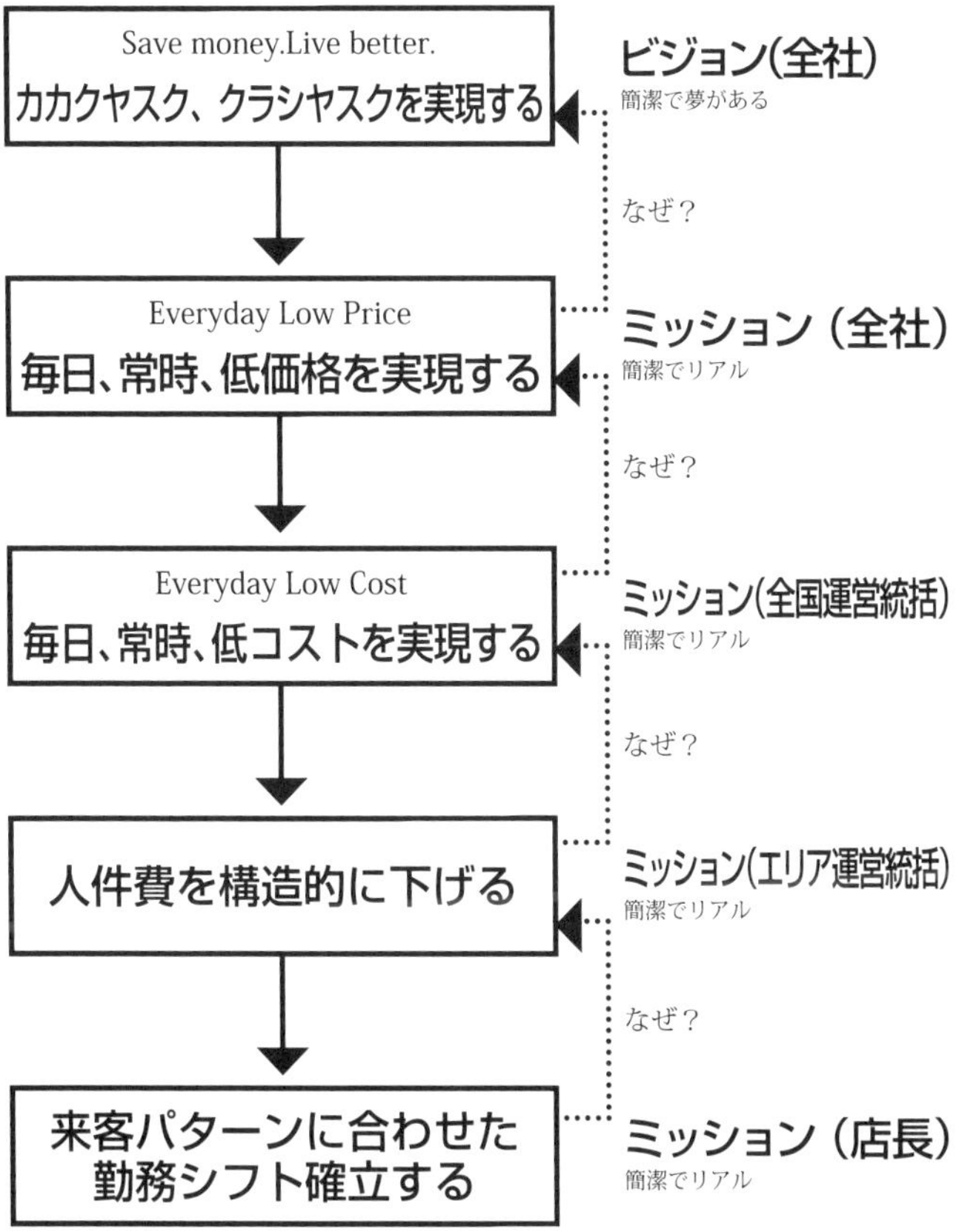

とは、店長のミッション（何＝What）です。それが「人件費を構造的に下げる」という上位部門のミッション（なぜ＝Why）に繋がります。それは、さらに上位のミッションである「毎日、常時、低コストを実現する」（なぜ＝Why）に繋がり、さらに上位のミッションである「毎日、常時、低価格を実現する」（なぜ＝Why）に繋がり、最上位の「カカクヤスク、クラシヤスクを実現する」（なぜ＝Why）、つまり、ビジョンに行きつきます。ひとりひとりの社員のミッションが明確なステップを経て最終的に組織のビジョンに繋がる。これがミッションリーダーシップです。

実は、ミッションとミッションが何（What）となぜ（Why）の関係でつながっていることは、人間のモティベーションの本質です。

仮にあなたがウォルマートの社員だとしましょう。あなたは、毎日どうすればコストを下げられるか工夫を重ねます。仕事の効率も可能な限り手際よく作業することで、少しでも良くする努力をしています。そしてその努力は、今日は昨日より低コストに、明日は今日よりさらに低コストに、と継続することが求められます。もちろん必要なことだとはわかっていても、あなたは上司に聞きたくなるでしょう。

「なぜ、毎日、常時、低コストを実現しなければならないのですか？」

その時に上司が、こう言ったらどうでしょう？

「あなたはそんなことは知らなくてよいのです」

あなたのモティベーションは地に落ちるはずです。今すぐ仮病を使って帰宅したくなるかもしれません。あるいは、怒りが爆発してしまうかもしれません。

ここで立ち止まって考えていただきたいのは、上司がやったことは単に「あなたになぜ（Why）は教えませんよ」と言っただけだということです。失礼な言葉を使ったわけでも、暴力的な態度を取ったわけでもありません。なぜ（Why）を伝えないだけで、人間のモティベーションは著しく下がるのです。逆に、なぜ（Why）を教えられると、間違いなくモティベーションが上がります。

「毎日少しでもコストを下げるのは、毎日少しでも安くお客様に買っていただくためです。そうすればお客様の暮らしが少しでもよくなるからです」

と言われれば、自分の努力の意味と自分の存在意義が腹に落ちます。今日も少しでも努力しようというモティベーションにつながるのです。逆に上司の立場から見ると、部下になぜ（Why）を伝えるためには、組織のミッションが何（What）となぜ（Why）の関係で、簡潔・明確に整理されていなければならないことがよくわかるはずです。

評価項目　ミッションの進捗と達成をはかる指標

簡潔で明確な言葉でミッションを設定しても、それを進捗や達成をはかる客観的な数値がなければ組織のパフォーマンスは上がりません。ミッションリーダーシップではこの指標を「評価項目」と呼びます。評価項目も簡潔で明確であることが重要です。

評価項目が簡潔であるというのは、項目の数が絞り込まれているということです。現実では3〜5個程度が組織で共有すべき項目数です。項目が多すぎると、ミッションを達成するには、どの数値に注力すべきなのかが、人によってバラバラになってしまうからです。評価項目の数を簡潔に絞り込んでおかないと、例えばこんなことが起こります。

「今月の売上は3億円足りないから、重要な数値を全員がリストアップして、来月からはその全ての数値をエクセルの表にまとめて管理していこう」

全員で話し合えば、売上数量、単価、商品別売上、エリア別売上、顧客別売上、曜日別売上、時間帯別売上、などなど問題となりそうな数値がいくらでも出てきます。結果としてエクセル表には100個近い数値が並ぶかもしれません。これでは、1か月後にその表に基づいて会議をしても、「私は売上単価が減ってきているのが心配だったので高額品を集中して売るように指示しました」、「私は新商品の売上が最大の問題と判断したので、販促費を増やして緊急キャンペーンを打ちました」、「私は地方都市の数字が悪いと感じたので、1か月出張して各支店に気合を入れてきました」、というように参加者それぞれが、バラバラな報告をすることになりかねません。沢山の評価項目があるということは、その数だけ社員の注力分野が分散することにつながるのです。

現代のビジネスでは、どの業界、どの会社でも、データベースには膨大な量の数値が蓄積されています。大きな問題が起こった時や長期計画を作るときにはそれらをフルに活用して大規模な分析をするのは当然ですが、リーダーが日々の業務で組織を結束させて結果を出すには、膨大なデータから、本当に重要なものだけを選び、それをメンバーと共有することが必要なのです。

軍隊は評価項目を絞り込むことの重要性を理解しています。最新の兵器や電子機器は膨大なデータを提供します。しかし、彼らは戦場での経験から「大量なデータをそのまま渡して作戦行動を起こすより、破壊すべき拠点数や兵器の数など、重要な数値に絞って行動したほうが死ぬ確率が低くなる」ということを知っているのです。

私たちがクライアント企業に評価項目数の絞り込みに挑戦してもらうときには左記のようなプロセスをとります。

①各自が3分間で何も見ずにできる限り多くの評価項目をリストアップする

②次の３分間で上記の各項目に対し、合計１００％になるように重要度のウエイトを配分する

③各自が考えたウエイトを参考に、全員でチームの評価項目を３～5個選ぶ

実際にやってみて下さい。①で何も見ずにリストアップしようとすると、思いのほか数が出てこないものです。頭の中で常に意識している評価項目は思ったより少ないことに気がつくはずです。３分どころか30分使っても思いつかないような評価項目は、現実では活用されていない数値と考えるべきです。

②でウエイトを配分すると、重要なものから30％、20％、15％……、と自然に振り分けることになります。そうすると10％以上のウエイトを持つ評価項目は最大でも5個程度に絞られることに気がつきます。

最後に③でお互いの意見を比較すると、どの評価項目を選ぶのか？　どの程度重要だと思っているのか？　を理解し合うことができます。このプロセスを通じて短時間で合意に達することが出来るのです。これも軍隊が戦闘中に想定外の敵の攻撃に遭遇

した際に、新たな評価項目を迅速に合意して組織の結束を維持するために考えられた方法を応用したものです。

評価項目を簡潔に絞り込むのと同時に重要なことは、それぞれの評価項目を明確にすることです。例えば、あるビジネスでミッションが「営業利益を達成する」だったとしましょう。このミッションに対する評価項目が明確でない例を見てみましょう。

部長「月末が近づいていますが、あなたの課の今月の利益は大丈夫ですか？」

課長「はい、対前年同月比でプラス２％ですから、課員は本当によくやってくれていますよ」

部長「いや、対前年じゃなくて、利益額の事を聞いているんです。目標は１０００万円でしたよね。それを達成すれば対前年はプラス10％となっているはずです」

課長「確かに目標は１０００万円ですが、直近の人件費の上昇を考慮すると、対前年プラス２％の利益を達成すれば大手柄だと部下には伝えているところです」

部長「目標の1000万円は変わっていません。皆さんが頑張っていることには本当に感謝しますが、そもそも違う目標を追いかけていたのでは、可能な目標も達成不可能になってしまいますよ」

この場合、ミッションである営業利益を出していこうという意識は部長も課長も同じなのですが、利益金額目標の1000万円を達成しようとしているのか、対前年をクリアすればOKだとするのかが明確に合意されていなかったのです。同じようなことは左記の例でもみられます。

役員「先週あなたの上司である部長から、あなたの課の利益がすごく好調だと話を聞いて本当に安心しましたが、現状はどうですか?」
課長「はい、今月はバッチリです。対目標1000万円に対して1200万円まで行けそうです」
役員「それは頼もしいですね。ところで、私の質問は今月が半期の締めなので、過去

6か月の累計利益は大丈夫かという意味だったのですが」
課長「半期だと難しいですね。最初の5か月で目標に対して累積300万円の不足を出してしまったので、今月だけですべてを取り戻すのはやめておこうと、部下にも指示しておきましたから」
役員「すると、先週、部長が言っていたのは単月の話だったということか。昨日、社長と昼食をとっているときにも聞かれたので、私からもあなたの課の利益は大丈夫と言ってしまったよ。うちの会社のコミュニケーションはどうなっているんだ」
今回の例では、評価項目を単月で見るか累積で見るかの単純な行き違いが起こっています。どちらの場合も、評価項目の定義があいまいなことで、不信感が生まれ、その修復には大きなエネルギーが必要となるでしょう。何より、最初から明確な定義が共有されていれば全員の意識が揃い、目標を達成する確率は間違いなく高かったはずです。

評価項目の定義が明確かを確認する簡単な方法があります。「今月の目標数値は何か」を質問すればよいのです。出てきた数字が同じならば定義は明確に共有されています。違うならば、異なる思い込みが存在しているというわけです。

私が昔関わったあるグローバル企業では、このような問題を避けるためのルールを持っていました。数字を見せるときには必ずその数字の右に「%B」と「%G」という欄を設け、それにあてはまる数字を入れなければならないのです。%Bとは対予算（Budget）達成率で、これは97%とか115%という数字が入ります。%Gとは対前年成長（Growth）率で、これはプラス12%とかマイナス3%というように100%を引いた数字が入ります。このルールにより、誰がどんな数字を出しても全員が同じ評価視点で判断できるようにしていたのです。評価項目の定義を明確にするヒントとなるはずです。

実際に評価項目を使って組織を動かすときに重要なのは、1分以内にその項目の最新数値が言えることです。「累積利益額の目標差」が評価項目ならば、リーダーはその最新数値（例えば先月末時点での差＝180万円）が1分以内に言えなければいけません。1分以内に言えないということは、部下から見れば「覚えてもいないくらいだから、興味ないこと」となります。

上司が興味を持っていない数値を頑張る部下はいません。たった数個の評価項目ですから、その最新数値は記憶するか、あるいはメモやスマホに記録しておきましょう。リーダーが常にその数値を意識していることが伝わると、チームメンバーの意識が変わり、結果が変わります。

それでは、あなたの組織のミッションの進捗と達成を測る評価項目を次の枠内に記入してください。

［組織の評価項目］（記入日　　年　　月　　日）

自由と制約　人間の潜在能力を引き出す軍隊の常識

有名な心理学のテストを紹介します。ケニアの大草原にポツンと建つ小学校で教師が子供たちに言いました。

「みなさん、今から自由時間です。好きなところで遊んでください。」

すると90％の子供たちは建物の中で遊び、草原に飛び出していった子供は10％しかいませんでした。　次に同じテストを小学校の建物の周りに１００メートル四方の牧場用の白い木の柵を設けて行いました。　教師が子供たちに言いました。

「みなさん、今から自由時間です。好きなところで遊んでください。ただし柵の外には絶対に出てはいけません」

今度は先ほどのテストとは逆に、10％の子供たちが建物の中で遊び、90％の子供たちは草原に飛び出していったのです。

このテストはケニアだけでなくどこの国で行っても同じ結果が出る心理学の常識で

す。柵がない状態では子供たちは先生にも親にも絶対に怒られない建物の中で遊ぶことを選ぶのです。一方、柵という明確な制約条件があると柵の外には絶対に出てはいけないという理解とともに柵の中であれば自由に遊んでいいということが明確になり子供たちは草原に飛び出していったのです。

命令絶対服従の指示待ちスタイルが原因で敗北したベトナム戦争の後に、軍隊が新たなマネジメント手法を模索する中で応用したのがまさにこの制約を明確にするという考え方でした。その結果、兵士の潜在能力と責任感を飛躍的に上げることに成功しました。

権限移譲　制約の裏返しが自由

制約という概念や言葉は、一般的にネガティブに受け取られますが、明確な制約こそが自由を与え、人間の持つ潜在能力を最大限に引き出す鍵です。

制約に求められる条件は以下の通りです。

・明確にすること
・事前に共有すること

ケニアの小学校の例で、もしも教師が「遠くへ行ってはいけません」という曖昧な伝え方をしたり、また柵があっても、それを事前に子供たちに伝えておかなければ、制約がないのと同じです。ましてや、後になって「なぜ柵の外に出たのですか?」などと言われたら、子供たちは2度と草原に出ていきません。「この柵の外には絶対に出てはいけません」ということを明確に事前に伝えて初めて子供たちの自由な行動を引き出せるのです。

例えば、「今期は業績が厳しいので接待費をできるだけ使わないように」という曖味な制約が出されたとしましょう。すると、面倒にまきこまれたくない営業マンは、上司から「この顧客と会食しろ」と指示された会食だけをするようになります。指示待ち部下の出来上がりです。

さらに、経理担当役員が領収書を抜き打ちで見て営業マンを呼び出しているという噂も出ます。すると、ほとんどの営業マンが会社から指示された会食以外は企画しなくなります。指示待ち文化の出来上がりです。逆に、『できるだけ』という曖昧な制約では、自分が使った高額の接待費を「最重要顧客としてはできるだけ節約したんだ」と正当化する営業マンも出てきます。

「年度末までの1か月の接待費は営業マンひとり合計5万円、かつ顧客ひとり一晩5000円まで」という制約を『明確』に『事前』に共有すれば、その中であれば自由ということが理解されます。各営業マンは、どの顧客と会食することが最も売上につながるか、どのレストランが最もコストパフォーマンスが高いか、といったことをより自由に考えるようになります。制約の裏返しが自由になります。これにより、指示待ちの営業マンが出る事を防ぎ、暴走する営業マンを止めることもできるのです。

制約を明確に事前に伝えて自由を与える事こそが「権限移譲」です。制約の範囲が権限移譲の範囲です。現実では上司が杓子定規に職位だけで権限移譲の範囲を決めても部下の能力を最大限引き出すことにはつながりません。自分の取れるリスクの大きさと部下の能力の両方から判断して制約の範囲＝権限移譲の範囲を決めることがリーダーの仕事なのです。

明確な制約を考えるヒントは以下の通りです。

・ヒト、モノ、カネ、時間、技術、社内規定など
・社内、顧客、取引先などから聞く「出来ない理由」

全ての制約をリストアップする必要はありません。日本国憲法を守るといった当たり前の制約を書くのは無駄だからです。自分が明確にしておきたいもの、自分が上司

と合意しておきたいものに絞って考えましょう。
それでは、あなたが明確にしておきたい自由と制約を次の枠内に記入してください。

自由と制約　（記入日　　年　　月　　日）

タスク　具体的な行動計画

ミッション、評価項目、制約が明確になると、タスクを決める準備ができます。ミッションを達成するために不可欠な具体的な行動計画がタスクです。

タスクに求められる条件は以下の通りです。

・簡潔・明確であること
・期日を明確にすること
・担当者を明確にすること
・進捗状況を明確に共有すること

タスクも評価項目同様、簡潔に絞り込むことが重要です。数が多すぎると最終的に成功する確率が低くなります。ビジネスでは自分で管理している「やる事リスト」だけでも気を許すとすぐに20にも30にもなります。上司から10や20の指示が来ることも珍しくありません。加えて、たいていの仕事では他部門からも依頼と称した指示命令が次から次へと舞い込んできます。

このような状況下で3～5個の重要なタスクを絞り込むにはどうすれば良いのでしょうか？私たちは評価項目数の絞り込みと同じプロセスを使います。ただし、考える時間は10分に増やします。

①10分間で何も見ずにできるだけ多くのタスクをリストアップする。目標は１００個
②次の10分間でリストアップしたタスクに対し、合計１００％になるように重要度のウエイトを配分する

実際にやってみると、評価項目のときと同様に、１００個は出てこないことに気づくはずです。日頃、やらなくてはならないことは無限にあるように感じていても、何も見なくても浮かんでくるほど重要なタスクは多くても20～30でしょう。そしてウエイト配分をすることで、更に優先順位が見えてくるのは評価項目の場合と同じです。

タスクが評価項目と異なるのは、計画を作る→実施する→結果をチェックする→修正アクションをとるなど、通常ひとつの活動の中に複数の要素が含まれることです。これらを全て含む文章をタスクとすると、簡潔でなくなってしまいます。

そこで行うのは、各活動の最重要ステップに着目して1つのタスクとして設定することです。例えば、全体の中で計画作りが特に難しい仕事の場合は、「○月○日に○○が役員会で計画承認を得る」となりますし、実行計画のリスクの高さが一番の懸念の場合は「○月○日に○○が初月の結果を元に継続是非を判断する」となります。

評価項目同様、明確でないタスクは、結果につながりません。タスクが明確かを確認する簡単な方法があります。「担当は誰ですか」、「期日はいつまでですか」と質問すればよいのです。

例えば、タスクが「本年3月31日までに渡部課長が役員会で新人事制度の承認を得る」と明確になっていれば、渡部課長が関係者を引きずり込み、期日までのスケジュール表を作って、チーム全体を動かし結果を出します。

実は、「〜計画承認を得る」などのように、タスクの表現が動詞で終わっていることも有効です。逆にタスクが「新人事制度の承認」といった一見きれいな言葉ではあるものの曖昧な内容では、関係者の責任感が低くなり、達成に向けてのスケジュール管理が甘くなるのは想像に難くありません。

ミッションリーダーシップでは、タスクをどのように実行するか（how）は担当者に任せます。ミッション達成のために、明確な評価項目を持ち、明確な自由と制約が与えられた中で、自らの力を最大限生かしてタスクを実行するのです。「本年3月31日までに渡部課長が役員会で新人事制度の承認を得る」というタスクを使い、事細かな指示（how）がされる悪い例を考えてみましょう。

人事部長「渡部君、新人事制度を作るために、まず、競合のA社とB社の情報を取り、コンサルティング会社のC社と契約し、社内ネットを使って社員意識調査で全社員の不満を聞く。これを最初の1か月で頼むよ」

渡部課長「…………、承知しました」

あなたが、会社の新人事制度の作成を担うほどのプロの人事課長だったらどう思うでしょう？　比較したい競合会社についてはすでに考えがあるでしょうし、コンサルティング会社の選択に関しては、まず3～4社に声をかけて提案を見てから決めようと思っているはずです。社員意識調査は自分でも考えていましたが、質問項目を決め、全員に必要な回答期間を与え、回答を集めた後にじっくり分析をするとなると1か月では足りません。このプロジェクトのリーダーに指名され、やる気とアイデアに満ちていた渡部課長は「…………」の間に思考停止モードに入り、「承知しました」といった瞬間に完璧な指示待ち管理職になったのです。


人事部長「渡部君、新人事制度を作るために、必ず競合他社との比較は入れてくれ。コンサルティング会社のアドバイスと社員の不満の確認も不可欠だ。大きなプロジェクトなので1か月後に必ず正式な状況報告をしてくれ。もちろん、どの競合と比較するか、どのコンサルティング会社を使うか、どうやって社員の不満を聞き出すかは、君に任せる。期待してるぞ。」

こう言われていたらどうでしょう？　お気づきの通り、この場合、人事部長は自由と制約を非常にうまく活用しています。渡部課長と彼が率いるプロジェクトチームのパフォーマンスが期待を大きく上回るのは間違いありません。

この例でもあるように、任された担当者は進捗状況を上司と常に共有することが重要です。上司と部下の間で権限移譲と進捗共有はセットです。上司は「任せる」と「丸投げ」を混同してはいけません。部下は「任せられた」ことを「報告しなくてよい」と勘違いしてはいけません。担当者は与えられた自由と制約を最大限生かし、タスクを実行するのです。

それでは、あなたのタスクを次の枠内に記入してください。

［タスク］（記入日　　年　月　日）

第2章　まとめ

●リーダーは、チームを勝利に導くためにビジョンとミッションを明確にする。簡潔、明確な言葉を選び、組織内で完璧に共有する。

●リーダーは、評価項目を絞り込み、明確にすることで、チームの力を結集させる。

●リーダーは、自由と制約を明確にすることで、部下の潜在能力を引き出す。

●リーダーは、ミッション達成に不可欠で具体的な行動計画＝タスクを明確にします。

第3章

チームを勝利に導くための言動

信頼を得るための言動

第3章の登場人物はB中尉です。彼は2章で撃たれたA大尉の後を引き継ぎ、小隊のリーダーとなりました。いわゆるエリート指揮官であるB中尉は、頭脳明晰《めいせき》でいかなるときにも落ち着きを失わないクールな指揮官。司令部からの期待も高く、大尉への昇進も間近だと言われていました。

彼は、赴任後すぐに兵士たちにインタビューを行いました。事故として処理されていたA大尉の死に不審を抱いたからです。兵士たちに蔓延《まんえん》していた不安と不満を感じ取ったB中尉は次のような訓示を与えました。

「これは正義のための戦いである。我々はベトナムの共産化を阻止し、世界の平和を守るためにこの地に来たのだ」

世界の平和を守るヒーロー。兵士たちの目は輝き、小隊は活気を取り戻したように見えました。ところがそのわずか1カ月後。B中尉もまた、部下に後ろから撃たれて命を落とすこととなりました。

B中尉「おまえはなぜ私を撃ったんだ。私はA大尉とは違って、きみたちにビジョンを示し、明確なミッションも共有したではないか」
兵士「はい。確かに我々も一時期はやる気を取り戻すことができました」
B中尉「それでは、何が不満だったのだ」
兵士「あなたは地元の有力者や協力者たちから、アイスドールと呼ばれていたのをご存じですか？」
B中尉「それがなんだというのだ。地元の人間など関係ない。作戦を遂行するのはアメリカ軍なのだ」
兵士「ここはアメリカではありません。地元の人々の協力が得られなければ、我々が生きて帰ることなどできないのです」

B中尉が撃たれた理由は「信頼」の欠如です。ここでは、地元民からの信頼の欠如と、それに起因する兵士から上官への信頼の欠如という、信頼の欠如が二重に発生しています。

第1章でお話ししたように、現代の戦争あるいはグローバルビジネスで勝利するためには、恐怖による統率ではなく、信頼によって関係者をひとつのチームとしてまとめあげるリーダーシップが求められます。この信頼を築くためには、第2章でお話ししたビジョン、ミッション、制約条件を兵士だけではなく、地元民とも共有することが多国籍軍のリーダーにとって最も重要な言動なのです。

地元の有力者や協力者と「ベトナムの共産化を阻止し、世界平和を実現する」というビジョンを共有せずに、信頼を得られるはずがないのです。

では、多国籍軍に代表されるグローバルビジネスにおいてリーダーが信頼を得るために必要なことはビジョン、ミッションを共有する以外に何があるでしょうか？

かつて中国では「お酒を飲まない相手とは仕事ができない」といわれていました。

食卓を囲み、酒を酌み交わし語りあったことのない人間とは、怖くて仕事ができないというのです。一般的に、信頼は時間をかけて培うものだとされています。時間をかけて相手の考え方を理解し、その土地の風習を理解することで信頼を培っていくのです。

しかし、多国籍軍にそのような時間はありません。赴任したその日に、他国からの派遣軍や地元のさまざまなステークホルダーたちの信頼を即座に勝ち得なければ、ミッションを遂行することはできません。そのため士官学校では「信頼を得るための言動」を徹底して教育します。

それは言葉の通じない外国でも、価値観の違う人々に対しても共通する、普遍の法則です。これを身に付ければ、世界のどこへ赴任しても、どのような状況でも信頼を得ることができるのです。

信頼を得るための言動は、人と人とのコミュニケーションの基本の上に成り立っています。１００人が聞いたら１００人が当たり前だと思うことですが、果たして現実のビジネスの場面で、それが実行されているでしょうか？　理解することと、実践することには大きな隔たりがあります。その溝に気づき、実践のための訓練と習慣づけをした者のみがチームを勝利に導くことができるのです。ぜひ、自分の言動を振り返りながら続きをお読みください。

信頼を得るための言動1　笑顔

外国人からみると、日本人はとても「無表情」に見えるそうです。表情が乏しく、考えていることがわからないので不気味だとさえ言われます。

今でこそ、コミュニケーションの基本は笑顔という考えは当たり前になりました。しかし、古来日本では感情を表に出すことは恥とされてきました。また、フォーマルな席での笑顔は不謹慎という考え方も長く残っていました。そしてその習慣は、私たちが意識している以上に、根強く残っています。

たとえば現地の企業で集合写真を撮影したとき、日本人を見分ける方法は簡単だと海外の人たちは言います。「笑顔でない東洋人は日本人」だと言うのです。グローバル企業で長年働いていた私自身、かつての集合写真では、笑顔の欧米人の横でまじめくさった顔をして写っていたものです。

しかし、覚えておいてください。グローバル化された社会で「笑顔」は、パスポート以上に重要なものです。

以前NHKで放映された「ヒューマン・なぜヒトは人間になれたのか」という番組で、戦場でのこんなエピソードが紹介されていました。

イラク駐留のアメリカ軍が、地元の聖職者のもとへ向かいました。「指導者として多くの尊敬を集めているあなたから、地元の有力者や民衆に語りかけてほしい」と依頼しようと考えたのです。ところが、アメリカ人兵士の姿を見た群衆のひとりが「やつらは聖地を汚しに行くのだ。聖職者を殺しに行くのだ」と叫んだのです。

するとあたりはたちまちのうちに混乱に包まれました。兵士に向かって石を投げつける者、荷車を押し倒す者。一般的にこういった状況の場合、軍隊では空に向けて銃を撃つと教えられています。しかし、その時の司令官はこう考えました。

「威嚇《いかく》によって、いったん群衆を静まらせることはできる。しかしその後に、我々の意図をどう伝えればいいのか」

司令官は兵士に向かってこう叫びました。

「笑え、笑うんだ！」

その効果は劇的でした。緊迫した空気は一瞬にしてゆるみ、多くの人々が笑顔のアメリカ軍兵士に向かって微笑みを返したのです。

その司令官は後にこのように語りました。

「私は世界の89カ国に行っていますが、言語の壁、文化の壁、民族や宗教の壁があっても、笑顔の力が働かない状況を見たことはありません。この世界で、笑顔はひとつの意味しかありません。ですから、暴力があり、不安があり、怒りがあり、混乱がある状況だったとしても、あなたがその人に笑顔を見せれば対話が始まるでしょう」

ほかにもさまざまな研究で笑顔の力が証明されています。赤ん坊は人の笑顔はもちろん、笑顔の絵にでもポジティブに反応することはよく知られています。さらに驚くべきことには、脳の視覚野《しかくや》が損傷し、目が見えなくなった人でさえも、笑顔には反応し、好意的な感情を抱くことが実験により証明されています。脳波の測定により、人の情動や防衛本能と関連する脳の扁桃体《へんとうたい》が反応するのです。

この実験から人類のＤＮＡは笑顔によって味方を識別するようプログラムされていることがわかりました。つまりグローバル環境下で信頼を築くためにはビジョンの共有に加え、笑顔も重要な要素なのです。

軍隊ではこのような研究を膨大な時間と費用をかけてやってきています。だからこそ、指揮官になる者は「笑顔を学び、徹底して訓練」するのです。

みなさんは、日々笑顔を意識していますか？　威厳を保つためのまじめくさった顔が、相手を不必要に威圧していることはありませんか？　いつ、どんな時にでも笑顔で対応するためには、日頃から笑顔を習慣づけるようにしなければなりません。さあ、鏡を見てください。あなたの笑顔は人に伝わる笑顔となっていますか？

信頼を得るための言動2 あいさつ

「あいさつをきちんとしなさい」

これは、どこの国の子供のしつけでも基本的な礼儀作法です。もちろん、ビジネスの世界でも同様。あいさつの仕方、名刺の渡し方、自己紹介の仕方などを、新入社員教育として受けた記憶がある方も多いのではないでしょうか。

しかし、グローバルな視点で見ると「日本人はろくにあいさつもできない」という厳しい見方がされていることも多いのです。

それは習慣の違いにあります。日本人は、目上の人と視線を合わせることは失礼だと考える伝統があります。また、家族や友人とすら気軽に体を触れ合う習慣がありません。ましてや、上司やクライアントの体に触れることには無意識の抵抗があります。

この結果、日本人はグローバルビジネスのあいさつにおいても目を合わせない、力強く握手をしない言動を取りがちです。どんなに流暢《りゅうちょう》な英語を活かしても、これでは相手の信頼を得ることはできません。なぜならば、現代のグローバルビジネスのあいさつのスタンダードは、背すじを伸ばし笑顔で、相手の目をしっかり見て、力強く握手をし、大きな声ではっきりと自分の名前を伝えることだからです。これはグローバルビジネスのスタンダード言語が英語であることと同様です。

近年テレビカメラの前で日本の総理大臣にあいさつした他国の国家元首が笑顔なく目を見ず力ない握手をしたことが大きな話題になりました。あいさつのスタンダードを外した彼の言動は信頼ではなく不信感の表現と解釈されたためです。

初対面で好印象を与え、信頼を勝ち取るためには、相手の文化に合わせたあいさつをすること。いまやネットで多くの情報を得られる時代です。相手の国、地域の風習に合わせたあいさつは、相手の心をなごませ、親近感を得る有効な手段です。

日本のビジネスマンはハグやキスもおろか、握手さえまともにできない。どうコミュニケーションをしたらいいのかわからない。そんなこれまでのイメージを払拭《ふっしょく》し、オープンマインドのあいさつで印象づけること。笑顔、握手、アイコンタクト。この

3つを常に心がけてください。あまりにも当たり前に聞こえるかもしれませんが、きちんとできている人は驚くほど少ないものです。

信頼を得るための言動3 興味を示す

成功するリーダーは、みな聞き上手です。「相手の話を真剣に聞く」ということは、相手に対して自分は関心をもっている。話を聞く価値がある人間であると認めている、という証明になるからです。ときどき「私は顔や名前を覚えるのが苦手で」と言う人がいますが、名前を覚えてもくれない相手を心から信頼する人はいません。

優れたグローバルビジネスマンは、初対面の場合でも、会話の中で何度も相手の名前を織り込みます。そして「田中さんはどうお考えですか?」「ジェームスさんの着眼点はすばらしい」といった具合に、名前と同時に相手の承認欲求を満たすことで、信頼を構築していくのです。すると、相手は「この人の期待を裏切りたくない」「認めてもらいたい」という欲求が刺激され、自然に良好な協力関係が得られるようになります。

グローバル社会において人の信頼を得るためのリーダーの条件について、もう少し考えてみましょう。

信頼を得るために語学力は必要か

ビジネスのグローバル化が進むいま、社内の公用語を英語にしたり、管理職への昇進の条件としてTOEFLやTOEICの高得点を課す企業もあります。リーダーにとって、語学力とは必要不可欠な能力なのでしょうか？　世界に名を馳《は》せる日本のリーダーたちに目を向けてみましょう。

多くの人が憧れる国際的なリーダーとして、ＳＯＮＹの創業者・盛田昭夫、ＨＯＮＤＡの創業者・本田宗一郎といった伝説的経営者の名が上がります。サッカーが好きな人には、日本代表監督を務めたトルシェ監督やオシム監督の名を挙げる方もいるでしょう。彼らはみな組織を勝利へと導いた優れたリーダーです。その彼らの共通点は相手の母国語を話せなかったのに、成功したことです。

ＳＯＮＹは１９５７年に世界最小のポケット型トランジスタラジオを製作しました。そして「米国で売れるものは世界で売れる」と考えた盛田氏は、アメリカに渡り、自ら製品の売り込みを始めます。この時の彼の英語は日常生活にも事欠くレベルだったといわれています。

しかし彼には「決して他社の下請けメーカーにだけはなるまい、自社の製品を自社の名前で売って世界に名をあげたい」という強い信念がありました。自社製品へのゆるぎない自信と、世界で勝つという明確なビジョンが彼のつたない英語に大きな力をもたせたのです。

その後、ＳＯＮＹは世界の市場を瞬く間に席巻。盛田氏が亡くなる前年の１９９８年には、ウォルト・ディズニー、ヘンリー・フォードといった錚々《そうそう》たる面々と共に、米タイム誌が選ぶ「20世紀に最も影響を与えた経済人20人」のひとりとして選出されています。

日本を代表するもう1人の経営者のひとりであるＨＯＮＤＡの本田宗一郎氏も英語はできませんでした。１９８９年、日本人として初めて米国の自動車殿堂入りを果たしましたが、その時のスピーチも日本語でした。彼は「民族を超え、国境を越え、いつ、どこで、誰が考えても納得できるもの」つまり、ミッションリーダーシップでいう「簡潔でわかりやすいメッセージ」を大事にしていました。通訳を通しても誤解されることなく世界中の人に伝わり、感動してもらえる言葉を語りつづけた本田宗一郎氏は、今でも世界中に多くの信奉者をもつ希代のリーダーのひとりです。

サッカーのイビチャ・オシム監督は、ユーゴスラビア（現・ボスニア・ヘルツェゴビナ）出身で、家庭内の会話はドイツ語という環境で育ちました。ユーゴスラビアで代表選手・代表監督を務めた彼は、日本に来たときすでに62歳。もちろん日本語もできませんでした。しかし、２００３年にジェフユナイテッド市原監督に就任すると、２００５年にはチームをＪリーグヤマザキナビスコカップ優勝に導き、翌年には日本代表監督に抜擢されることとなります。彼が提唱したものは「組織力を重視した賢いサッカー」です。通訳を介してもブレることのない、一貫した指導は選手たちに理解され、脳梗塞《のうこうそく》で倒れたあとも、多くのファンと選手の信頼と尊敬を集めつづけています。

信頼を得るための言動　まとめ

・笑顔を有効的に使う
・好感度の高いあいさつをする
・相手に興味をもっていることを示すために聞き上手になる

では、人の信頼を得るための言動ができているか確認していきましょう。

チェックリスト

左記のことができているか、自分の言動を評価してください。他者からの客観的な評価も必ず受けてください。

・笑顔はできているか
・好感度の高い挨拶ができているか
・話すときにアイコンタクトが取れているか
・聞き上手になっているか（自分の話だけを一方的にしていないか？）
・話すときの音声は明るく明確か
・簡潔な言葉で話しているか

笑顔もあいさつも聞き上手も訓練なしには身に付かないものです。グローバル社会で通用するために、この基本的な言動をまず身に付けてください。

第3章　まとめ

●グローバルビジネスではビジョンを共有する言動が信頼を築く。

●グローバルビジネスでは興味を示す言動が信頼を築く。

●成功するグローバルリーダーに共通するものは、信念とそれを伝える簡潔、明確な言葉である。

第4章

チームを勝利に導くための習慣・実践編

ミッションリーダーシップの中で最も重要なもの。それは、日常においてのリーダーシップの実践です。

組織のビジョンとミッションの設定は、船であれば目的地と航路を決定したに過ぎません。信頼によってメンバーを動かし、まとめ、より早く確実に目的地に到達するためには日々の実践と習慣化が欠かせません。さもないと船は洋上で動力を失い、いつまでも波間をただようことになるでしょう。

ミッションリーダーシップでは、リーダーの日々の実践方法を「ASPIRE」という6文字のアルファベットで表しています。志す、大志を抱く、熱望するという意味です。

リーダーシップは、誰もが実践可能なスキル=技術です。生まれつきもっているカリスマ性や人柄ではありません。スポーツの技術と同じように、毎日繰り返し練習し、習慣化することで身に付くものです。

日本の大企業では、通常部下をもつのは30代になってから、係長や課長の直属の部下は5〜10人程度です。これに対し、士官学校の卒業生は20〜22歳で小隊長として50人以上の兵士を指揮しなければなりません。常に紛争に関わっているアメリカやイギリスの場合、ほとんどの士官が卒業1年以内に、戦場に実践配備されるのです。

士官学校への入学はたいへん難しく、倍率は20倍以上。合格はたいへんな名誉であり、地元の新聞が取材に来たり、国会議員がわざわざ高校に来て全校生徒の前で表彰をしたりすることもあるほどです。しかし、いくら優秀な人材でも、一般の教育ではたった2～4年で戦場で50人の命を預かる士官になることはできません。

短期間で優秀なリーダーに育て上げる士官学校の実践方法。それをビジネスに応用したものがミッションリーダーシップです。そして、このASPIREの手法は、戦場で生き残るための経験則から導き出されたものです。そこには人からの信頼を集め、リーダーとして組織力を最大限に高めるリーダーシップスキルがあるのです。

普遍のモデルASPIRE

ミッション達成に不可欠なリーダーとしての言動はA・S・P・I・R・Eの6つの要素で構成されています。

A　Aim（目的）：目的を明確にし、全員で共有すること
S　Situation（状況）：状況を明確にし、全員で共有すること
P　Plan（計画）：計画を明確にし、全員で共有すること
I　Inspire（示唆）：示唆や率先を通して、メンバーを鼓舞すること
R　Reinforce（強化）：状況変化に対応して、メンバーの達成意欲を強化すること
E　Evaluate（評価）：客観的な評価に基づき、メンバーの成果を認め、賞賛すること

「たった6個だけ？」と思うかもしれませんが、普遍の真理とはシンプルなものです。しかし当たり前に感じるものをしつこく、日々確実に実践できるかどうかが、優れたリーダーと凡庸なリーダーの大きな分かれ目になります。

部下の兵士に背後から撃たれたC将校は、日々の実践と習慣化を忘れ、味方の信頼を失ってしまったのです。軍隊においてもビジネスにおいても、このASPIREを理解

することと、そして6つの要素すべてを実践し習慣化することが、チームを勝利に導く道となります。

Aim(目的)の実践方法

Aim(目的)――目的を明確にし、全員で共有すること。

リーダーは常に、簡潔、明確な言葉で、繰り返し目的を部下に伝えることが重要です。「言わなくても部下はわかっている」「何度も同じことを言っていたら無能に見られる」といった前提は排除すべきです。

組織の目的を理解させるためには、メンバーに目的は何かを語らせる、あるいは書かせてみるのが有効です。リーダー自ら「いま取り組んでいる仕事の目的は○○である」と説明したほうが早いように感じると思いますが、その前にまず、メンバーに考えさせるほうが目的の共有を早めるのです。

たとえば、会議を始める前に「今日の会議の目的はなんだっけ？」と、部下に質問を振り、発言を促すのは、いい習慣です。始めの1分間を使って、参加者全員にその会議の目的を書かせてみるのもよいでしょう。全員が今やらなければならないことが明確化します。その結果、より充実した会議が行われることは間違いありません。

はじめからリーダーが一方的に話すよりも、圧倒的に理解が深まり、会議への能動的な参加が促されます。

目的を明確にする実践手法としては、数値や期日といった数字を活用する方法があります。これは、what（数値、期日）を明確にすることで、how（どうやるか）を任せることにつながるからです。

Situation（状況）の実践方法

Situation（状況）——状況を明確にし、全員で共有すること。

ミッション達成を阻《はば》む大きな原因のひとつが、状況共有の不足です。アプローチを変えたり、さまざまな努力をしてもいっこうに結果が出ないという場合は、どこかで情報が途絶え、チームメンバーが状況を共有できていないことが往々にしてあります。

これは海外に進出したある電機メーカーの例です。右肩上がりの経済成長が続く東南アジアの国に、2年前に支社を開設し、現地での生産ラインを立ち上げました。しかし、製品の精度も生産性もなかなか上がりませんでした。

現地からの報告はもっぱら「事業の不振は国民性や商習慣の違いにある」、「現地採用スタッフの能力が低く生産性を上げるのが難しい」というものでした。

しかし、本社からの視察団が現地に赴き、判明したことは、現地からの報告が必ずしも正確ではなかったことでした。根本にある問題は、現地担当者のリーダーシップにあったのです。

実際の現地の状況は、このようなものでした。日本人社員と現地採用の社員の間には信頼も会話もなく、情報の共有ができていませんでした。担当者は、常に日本式のビジネススタイルを押し付け、現場の意見を取り入れたことはありません。そのうち、現場からの信頼を失い、現地の正確な情報を集めることができなくなっていたのです。また、有能な人材の多くが日本語ができないという理由で正当に評価されず、次々と離職していきました。担当者にとって都合の悪いデータが本社へ報告されていなかったこともわかりました。

一方、現地側には「この企業はすでに多額の投資をしているから、撤退はないだろう」という思い込みがありました。そのため、問題のある状況に置かれても、危機感が欠如し、改善のための方策を取ることがなかったのです。

この例には状況の把握と共有の著しい欠如が見られます。1つめは、担当者と現地採用の社員とのコミュニケーション不足。2つめは、本社が担当者の報告を鵜呑《うの》みにし、状況を正しく把握していなかったこと。3つめは、現地の役員が支社の閉鎖と撤退という可能性を把握していなかったことです。

プロジェクトが思うように進まない場合は、情報の分析が曖昧になっていないか、隠蔽《いんぺい》はないか、組織全体で状況が共有されているか、数値や進捗《しんちょく》状況、問題点が透明化され、正しく共有されているかを確認しなければなりません。リーダーは、正確な状況をチームメンバー全員と共有するために、常にwhy（なぜ）を討議できる環境を作ることが重要です。

「なぜ、、シェアが上がらないのか?」「なぜ特約店は非協力的なのか?」「なぜ有能なAさんは辞めたのか?」を誰もが率直に聞けること、その答えとなる事実や考えを誰もが言えることが必要なのです。

一度、重要性が明らかになった情報を継続的に共有するしくみを作ることもリーダーの仕事です。たとえば、「競合の新商品スペックを必ず確認する」「特約店マージンを定期的に比較する」「退職理由を本人に確かめ、記録に残す」などです。メンバー全員に状況を共有する習慣を身に付けさせることが、チームを勝利に導きます。

ここで問題になるのが、センシティブな情報をどこまで共有するのかという点です。

人は秘密を共有すると仲間意識が強くなり、チームの結びつきは高まります。ビジネスにおいてもセンシティブな情報を共有された部下は責任感を強く感じ、チームへの貢献度が高まることがわかっています。

しかし、何をどこまで、いつ、誰と共有するかの判断は非常に難しいものです。もちろんすべてを全員に共有する必要はありません。機密情報を共有する場合は「目的達成のために不可欠だから共有する」という姿勢を明確に伝えることが重要です。さらに、それをどのように扱うかといった制約条件、要確認事項を徹底すること。それが明確に伝われば不必要な漏洩《ろうえい》事故を防ぐことができます。

また、万が一事故が起こったとしても「この目的のために情報共有をする必要があった」と説明することができます。

センシティブな情報を共有するにはリスクが伴います。しかしリーダーと部下が信頼で結ばれ、そのリスクを引き受けるキャパシティがあれば、組織は勝ち組となることができるでしょう。

Plan（計画）の実践方法

Plan（計画）——計画を明確にし、共有すること。

計画は、「誰が」「何を」「いつまでに」することを明確にし、共有することが大切です。計画が明確であるということは、それを聞いたチームメンバーがとるべきアクションを具体的にイメージできるということです。

計画は全体で共有することはもちろん、大きな変更が出た場合には周知を徹底することが重要です。ひとりの仕事はチームに、チームの仕事は組織全体の計画と連動しています。戦場で橋をかける人員が現場に到着しても、材料がどこかでストップしていれば橋をかけることはできません。

現在はさまざまな情報ツールが発達し、瞬時に多くの人と簡単に情報を共有できるようになりました。しかし、この便利さが逆に落とし穴になることもあります。1日にくる何百通ものメールに重要な情報が埋もれたり、冗長な文章で書かれたメールの内容が見過ごされたりします。日々のメールや報告書も常に明確簡潔に書く訓練が必要です。

企業には、業務報告や意思疎通を行う際のレポートラインと呼ばれるコミュニケーションフローがあります。一般には「社長↓役員↓本部長↓部長↓課長↓係長↓一般社員」という流れで指示が伝達されたり、逆の流れで稟議が上がったり、業務報告が行われます。plan（計画）の共有は、このレポートラインにしたがって行うべきものです。たとえば仮に、本部長から課長に直接plan（計画）を指示されると、飛ばされた部長は責任をもってサポートすることができないからです。

リーダーが常に念頭に置かなければいけないのは「計画の変更を共有するためのレポートラインの遵守」です。

一方、Situation（状況）の共有は、レポートラインを意識せずに必要において必要な相手を選んで行われるべきです。そうでなければ、情報の隠蔽が行われ、コミュニケーションや状況共有が分断される危険が生じます。

Inspire（示唆）の実践方法

Inspire（啓発・あるいは鼓舞）――目的が達成されたときの成功像を伝える、あるいは理想的な言動を自ら示すことによってチームの士気を高めること。

実は、英語圏ではリーダーシップの需要な要素として当たり前に使われているInspire（インスパイアー）という言葉を直訳できる日本語はありません。だからこそ日本人は特にInspireを意識しないと実践が難しいのです。

「モチベーションとは、命令や指示で生み出し得ないものである」

これはカルロス・ゴーンの言葉です。モチベーションは日本語では、動機付け、やる気、意欲などという意味で使われていますが、本来はどういう意味をもつ言葉なのでしょうか。

Motivationの語源には2つの説があります。

①動機・やる気を表す「motive」と、行動・働きを表す「action」が結合して生まれたというもの。
②ラテン語の「movere」から生まれた英語「move」から派生したもの。つまり、目標に向かって動かすというもの。

①②いずれの場合も、目標に向かって自発的に行動を起こすこと＝モチベーションが高い状態ということになります。では、やる気を高め、効率的にアクションにつなげるにはどうしたらいいでしょうか？

それは本人の仕事へのオーナーシップを高めることです。オーナーシップとは、占有することではありません。担当する仕事をし、自分自身の課題としてとらえ、責任感をもって主体的に取り組むこと。必要な場合には他人の力を借り、あらゆる手段を駆使して仕事を成功に導くことが、仕事に対する真のオーナーシップです。

部下へ仕事の指示を出すときに、あなたは具体的なアクション（how）のみを伝えていることはありませんか？　一見、具体的な指示がいちばん確実な方法に思えます。しかし、指示を受ける側から考えると、自由のない単なる作業を発注されたに過ぎません。地道な作業だとしてもhowが任されることによって、担当者は自ら考え工夫して仕事に取り組むことができるのです。

もともとやる気のあった部下、能力の高い部下ほど、自由のない作業の押し付けが続くと、モチベーションは下がり、やがては指示待ちの受け身の取り組み方しかしなくなるものです。

さらに何（what）をするか、なぜ（why）するのかという目的を明確に伝え、どのように（how）を任せて、部下に経験を積ませること。

成功体験を与えることもたいへん有効な方法です。高い目標に向かって、自ら積極的なトライアルをすることで、部下の経験値は上がり、知識もテクニックも飛躍的に成長します。また能力以上にがんばることで、潜在能力が開花するチャンスが生まれます。

いつしか「やらされる作業」が、「自分の仕事」に変わり、自らの創意と努力でミッションを達成した瞬間の喜び＝成功体験によって、本人はより大きく責任のある仕事へと向かえるようになるのです。

ビジョン、ミッション、組織間での連携を伝えても、モチベーションが上がらない相手には、本人の未来像を提示することが有効です。

実際のところ、会社全体の業績や未来など、20代の社員に興味をもてというほうが難しいものです。私自身、自分が部下を指揮する立場になってはじめて、会社の未来と自分の未来を重ね合わせて考えるようになりました。

今の自分の仕事が、会社全体にどのような意味をもつのか、夢や誇りを感じる将来像を提示すること。そして自分が相手と同じ歳に、どんな仕事をして、何を考え、どのように今の地位に至ったのか、本人と重なる将来像を語ることがきっかけになるのです。

言葉と同じく重要なのは、態度で示すことです。

「明るくあいさつしよう」「文章は簡潔にまとめよう」というよりも、まずそれをリーダー自らが実践するのです。それがチームによい影響を与える行動であれば、必ず追随者が現われ、組織全体に広がっていきます。これがInspireのひとつの要素「率先する」ということです。

いずれにせよInspireは、上から押し付けるものではありません。相手に伝わる言葉、心に響く内容を探し、自ら率先して日常の中部下を鼓舞し、支えるリーダーを目指してください。

日頃の訓練としては、メディアに登場する一流リーダーから学ぶ方法があります。政治家、経営者、スポーツ監督など、各界一流のリーダーがどのような言動をとっているかを分析するのです。

逆に「これはダメだ」と思ったリーダーは反面教師となります。たとえば組織が不祥事を起こした際に行われる謝罪会見は、ふだんは目にすることのない、組織のトップの生の声を聞くまたとない機会です。そこでどんな態度で、どんな言葉で、何を伝えているのかを観察してみましょう。そして、自分だったらどうするかをシミュレーションしてみると、リーダーの言動の良い訓練になります。

また学生時代の教師やコーチの忘れられない言動を思い出してみるのも良い方法です。リーダーの一言は、生涯チームメンバーの心に残り、相手の将来を大きく左右することさえあります。相手や状況に応じて効果的な言動がとれるように、日頃から自分の言動を振り返り、磨く努力を忘れないようにしましょう。

Reinforce（強化）の実践方法

Reinforce（強化）――状況変化に対応して、メンバーの達成意欲を強化すること。

試練はどんな仕事にもつきものです。ビジネスでは数年の歳月を費やすプロジェクトも少なくありません。ときには暗礁に乗り上げ、事態の打開が難しく思えることもあるでしょう。

「成功とは、意欲を失わずに失敗に継ぐ失敗を繰り返すことである」

これはウィンストン・チャーチルの言葉です。政治家に限らず、ビジネス界でもスポーツ界でも成功者は同様の発言をしています。

「近くを見るから船酔いするんです。１００キロ先を見てれば景色は絶対にブレない。ビジョンがあれば、少々の嵐にもへこたれません。苦しいときこそ、船と仲間を命が

けで守れる人でなければ、大将になってはいかんのです」孫正義氏
「挫折は過程、最後に成功すれば挫折は過程に変わる」本田圭祐選手

成功者は失敗しなかったために、成功したわけではありません。多くの失敗を体験してもそのまま終わらせるのではなく、そこから学び、再チャレンジを重ね、成功するまでやりつづけたからこそ成功者となったのです。

チームが苦しいときこそ、リーダーは明るく前を向き、諦めない姿勢をしっかり伝えることが求められます。失敗を否定的に捉えるのではなく「この方法でダメなことがわかったのは収穫だ。違うアプローチを試してみよう」と前進する姿勢を見せること。目標到達への道のりがまだまだ遠いとき、小さな成功をしっかりとらえてチーム内で祝福すること。

そして、常にリーダーの目がメンバーひとりひとりに注がれていることを意識させることが大切です。どんなに努力をしても事態が好転しないときほど、その努力を見ていてくれるリーダーの存在を部下は心強く感じるものです。

役職が上がり、部下が増えると全員ときちんとコミュニケーションをとることが次

第に困難になります。しかし、こんな時ほど「全員でミッションをやりとげる」というリーダーアイデンティティの発揮が求められます。

漫然と行うのではなく、チェックリストを作り、すべてのメンバーと週に一度は個人的に話したかどうかを確認してください。

Evaluate（評価）の実践方法

Evaluate（評価）——客観的な評価に基づきメンバーの成果を認め、賞賛すること。

人をほめるのは気恥ずかしい。何を言ったらいいのかわからない。評価はボーナスなどの人事評価で反映されるのだから、それでいいではないか。チームの力を最大限に引き出すことが求められるリーダーにとって、そんな考え方は怠慢にほかなりません。

ほめることは重要な仕事の一環であり、スキルとして習得することで習慣化できるものです。何をほめるべきか、ふだんから部下に気を配り、ほめるネタをリストアップしておくことです。ほめるためには準備が必要です。

仕事をこなすのは当然だ。何をほめるべきなのかわからない。そうお考えの方は、小さな成果をほめることからスタートしましょう。

部下の今年のミッション↓今月の成果↓今週の成果↓今日の成果という具合に成果を細分化し、目的達成につながる成果や努力、行動を認め、それを言葉にして伝えるのです。

これはリーダーがひとりひとりのメンバーのミッションを把握し、日々報告を受けて状況を把握してこそ可能になるものです。また、小さな成果を評価してもらうことで、部下の報告へのモチベーションも高まり、情報共有を精緻《せいち》にすることにも直結します。

口下手でどうしても人をほめるのが苦手だという人は、日頃からほめるトレーニングをすることです。たとえばレストランで「ごちそうさま」と言うだけではなく、「このパスタは茹《ゆ》で加減が最高ですね」「この香りの良さには、何か秘訣があるんですか」という具合に、細かいことを具体的にほめる練習をする。タクシーに乗ったときにも「運転が丁寧だから、乗っていて安心ですね」「この裏道は知りませんでした。予定より早く到着できて助かりました」など、日頃からとにかくあらゆる状況で人をほめることを習慣にするのです。

ほめることが習慣化されると、どういう言葉で人が喜ぶかがわかってきます。「ちょっとおおげさですよ」とか「まったくリーダーは調子がいいんだから」と言われるくらいでいいのです。私の仲間の軍人はみなとても褒め上手です。部下の力を引き出して生きて帰って来る為に習慣となっているのです。

もちろんほめることだけではなく、できないものに関してはアドバイスをすること、正しいフィードバックをすることが必要です。ネガティブなフィードバックを与えることにも、同様にスキルが必要です。

ほめるときは人前で、ネガティブなフィードバックは1対1で行うのが鉄則です。

人前でほめることで、評価された人の嬉《うれ》しさと誇らしさは倍増しますが、人前でネガティブなフィードバックをされることにはなんのメリットもありません。

あなたはリーダーとして、ASPIREを十分に行えているでしょうか？　最初からすべてを完璧に行えている人はほとんどいないでしょう。

たいていは論理的ASPが得意か、情緒に訴えるIREが得意か、どちらかに偏っていることが多いものです。自分にはASPIREのどの部分が実行できていないかを自覚し、自分はこれからASPIREを実践していく、と宣言すべきです。定期的に部下や上司の意見を聞くのもたいへん良い方法です。

リーダーになるための習慣化

3章では、人として信頼される言動。4章では、組織の潜在力を最大化させる言動についてお話ししました。この2つを兼ね備えたリーダーは、世代間のギャップや文化のギャップを超え、世界のどこでも信頼を得て、組織のミッションを達成することができます。ミッションリーダーシップは人間の考えや行動に根ざして結果を出せるように働きかけていくためのスキルなのです。

心が変われば行動が変わる。
行動が変われば習慣が変わる。
習慣が変われば人格が変わる。
人格が変われば運命が変わる。

これはメジャーリーガーとして活躍した松井秀喜選手の座右の銘として注目された言葉です。この言葉の由来には諸説あるのですが、スポーツ界のみならず、成功した多くの人たちが、この言葉を実践してきたことは間違いありません。

ASPIREを自己診断する

それではここで現在のあなた自身のリーダーシップレベルをASPIREで自己診断してみましょう。まずは、220ページのASPIRE診断基準表を読み、222ページのASPIRE自己診断レーダーチャートに1から4の点数を記入してください。

自己診断できましたか？　自分はどのリーダータイプかわかりましたか？　このテストは、どのタイプがより良いという分類ではありません。自分がどのタイプのリーダーであり、優れている部分はどこか、足りない部分はどこか、振り返るためのテストです。

あなた自身の絶対的なリーダーシップレベルの診断に加え、リーダーとしてのタイプを理解する参考として2つの分類方法を紹介します。

●ASP型か？　IRE型か？

ASP型＝頭型　目的、状況、計画を明確に共有することで、チームの力を引きだすのが得意なタイプ

IRE型＝心型　示唆、強化、評価を通じてチームの力を引きだすのが得意なタイプ

●A-I型か？　S-R型？ P-E型か？

A-I型＝未来型　明確な目的を共有し、将来へ向けた示唆を与えることでチームの力を引きだすのが得意なタイプ

S-R型＝現在型　明確な状況を共有し、今必要な強化を行うことで、チームの力を引きだすのが得意なタイプ

P-E型＝過去型　明確な計画を共有し、これまでの成果を評価することでチームの力を引きだすのが得意なタイプ

バランス型＝すべての要素をバランス良く持っているリーダー。

明確にどのタイプに属するというわけでもないバランス型も含め、自分がどんなリーダーであり、どんなリーダーになりたいかを考え、ASPIREのどの要素に注力するかの参考にしてください。

リーダーとして、明日から実行するASPIRE

さらに具体的なアクションプランを考えましょう。２２３ページのASPIREに基づくアクションプランの「始める事」「やめる事」「続ける事」に、明日からあなたが実行する言動を書いてください。

ASPIREそれぞれについて考えたアクションプランは、２２２ページで行ったリーダーシップの自己診断に繋がっていますか？　リーダーとして進化するために、

ASPIRE言動を実践し習慣にするために活用してください。

次のリーダーの育成

リーダーシップの最後のステップは、次のリーダーを育てることです。企業のリーダー育成には多くの問題点があります。リーダーは自然発生的に生まれるものではありません。リーダーはミッションリーダーシップというしくみを理解し、実践し、習慣化することで次世代を育てることが可能です。また、ミッションリーダーシップを実践するリーダーと仕事をすることによって、ミッションリーダーシップの哲学に浸透していくのです。

第４章　まとめ

●日常においてのリーダーシップの実践を習慣化する。

●リーダーシップは生まれもったものではなくスキルであることを理解し、身に付くまで徹底的に繰り返す。

●ASPIREを行動の指針とし、常にできているかワークノートを使って確認作業を定期的に行う。

●リーダーシップの最後のステップは、次のリーダーを育てることである。

第5章

歴代のリーダーたちのミッション分析

■ネルソン・マンデラ（1918〜2013年）

1993年にノーベル平和賞を受賞した元南アフリカ大統領、ネルソン・マンデラ。彼は、28年間の投獄中も決して諦めることなく絶対に不可能と思われたことを実現した、稀有《けう》なリーダーでした。マンデラが目指したのは、南アフリカの悪名高き人種差別政策・アパルトヘイトの撤廃。

大航海時代、南アフリカにやってきたイギリス人やオランダ人の祖先が原住民を支配し、白人が政権を支配し、圧倒的に白人優位の社会を作り上げていました。人口のおよそ79％を占める黒人を、国土のわずか9％の不毛の地に強制移住させたり、人種の異なる男女の結婚を禁止するなど、「白人だけに都合のいい社会」を法律が保障していたのです。

黒人は白人が経営する農園や工場で、奴隷のように働くのが当然とされました。労働格差もひどいもので、1970年には、同じ仕事についていても、白人は黒人の6〜21倍の給料を得ていたといいます。就業や教育のチャンスも制限されたため、多くの人が貧しい生活を強いられていました。白人政権はこの支配を保つために秘密警察を組織し、拷問や虐殺により多数の黒人の命を奪っていました。このため、反アパルトヘイトの組織も過激になり、双方で多くの血が流れていたのです。

この不条理と戦いつづけ、「人種融和の象徴」として生きたマンデラ氏。２０１３年12月に彼が病死すると、世界中のメディアがその死を悼み、生前の功績をたたえました。英誌「エコノミスト」は追悼コラムにこう記しています。

「弾圧に直面し不屈の精神、度量、威厳をみせ、人が肌の色にかかわらず尊厳をもって扱われる虹色の国家を志した」（２０１３年12月14日付）

虹色の国家。これこそが、彼が生涯をかけて追い求めた夢でした。

「肌の色に関係なく、平和に暮らせる国を子孫に残す」

誰もが素直にすばらしいと思える、ビジョンです。「差別」というネガティブワードを使わなかったところに、「過去の遺恨をひきずるべきではない」というマンデラの思いがにじんでいます。彼は、このビジョン実現のため、４つのミッションを遂行していきます。

国際社会の支持を得る

塀の中にいたマンデラが、世の中にメッセージを直《じか》に発信することは、物理的に不可能です。そんな状況で、一体どうすれば、国際社会から支持が得られるのか？

彼が選択したのは、「外部にいる仲間にメッセージを発信させる」という方法です。マンデラは収監される前、自らがリーダーを務める「民族の槍」の仲間や、同志である妻に、武力闘争を続けるようメッセージを残しました。アパルトヘイトに抵抗する運動を続け、武力衝突が起きれば、海外メディアがセンセーショナルに取り上げます。（のちにマンデラは、武力闘争という手法に限界を感じ、対話による解決に方向転換します）

さらに、自らが置かれた理不尽な状況を、海外の人々に広く知ってもらう方法を思いつきます。マンデラは政治犯でしたが、同じ刑務所内に政治犯以外の囚人もいました。そこで、彼らと接点を持つために、マンデラは刑務所と交渉して、自分たち（政治犯）が刑務所の食事作りに参加できるようにしてもらいます。そこで顔を合わせたほかの囚人から新聞報道を聞いて、外部の状況を常に把握するようにしました。

そして自分たちのメッセージを外部に広めるため、刑の軽い受刑者にも協力してもらいました。彼らには家族の写真を貼るアルバムが支給されていたので、家族写真の裏に自分の書いた原稿を隠し、出所する時に外部へ持ち出してもらうのです。取り出された原稿はひそかにイギリスに運ばれて出版され、海外の人々に南アの現状を訴えることができました。

白人との対話を実現する

マンデラたち政治犯は収監中、白人看守からひどい扱いを受けていました。強制労働はもちろんのこと、ささいなことで暴行を受ける囚人も大勢いました。マンデラはただ反抗するだけでなく、なぜ彼らがそんな振る舞いをするのか、自らその理由を知ろうとします。

基本的に、マンデラは「人間とは誠実なものだ」という考えの持ち主で、他人につらくあたるのは、なんらかの理由があるに違いないと考えていたのです。マンデラは以前から、通信教育で彼らが使用しているアフリカーンス語と、南ア白人の歴史を学んでいました。敵を知るには、その言葉を理解する必要があると考えていたからです。

マンデラは黒人の教育水準の低さを解消するため、獄中で仲間たちと勉強会を開いていました。刑務所内の図書館には検閲を受けた本しかありませんでしたが、それでも勉強はできたのです。さまざまな本を読み、マンデラは南アの白人たちは、ヨーロッパから分離され、英国帝国主義者から見下され、疎外感を抱えていることを知ります。アパルトヘイト下における白人看守が、黒人に理不尽で高圧的な態度を取るのは、彼らの人間性のせいではない。組織や社会から課せられた役割が、このような行動を取らせているのだ——。ひとつの結論に達したマンデラは、白人看守にアフリカーンス語で話しかけます。

最初はぶっきらぼうな反応しか示さなかった看守たちも、マンデラの知性と、紳士的な態度に驚き、次第に心を開いていきます。それまで彼らはマンデラを「テロリストのリーダー」で、手に負えない「ならず者」だと考えていたのです。

やがてマンデラのもとに、看守たちがさまざまな相談を持ち込むようになりました。看守の偏見は取り除かれ、マンデラは最も身近な白人――看守を味方にすることに成功するのです。

のちにマンデラはこんな言葉を残しています。

「生まれたときから、肌の色や育ち、宗教で他人を憎む人などいない。人は憎むことを学ぶのだ。もし、憎しみを学べるのなら、愛を教えることもできる。愛は、憎しみに比べ、より自然に人間の心に届く」

マンデラはアパルトヘイトを推進する大統領との直接対話を求めて、粘り強く政府への要望書を出しつづけます。

対する南ア政府は、マンデラに何度か釈放をもちかけてきました。が、それには交換条件がありました。「武力闘争の放棄」、「南アからの出国」、「政治活動の制限」というものです。マンデラ個人に自由を与える代わりに、反政府活動のシンボルとしての役割を奪おうとしたのです。

これを受け入れてしまっては、虹色の国家の実現は永遠に叶いません。マンデラは政府の申し出をきっぱりと拒否し、環境が整うのをひたすら待ちつづけます。

デクラーク大統領との直接対話が実現したのは、１９８９年12月13日のことでした。デクラークは祖父の代からの政治家で、黒人を弾圧してきた人物です。しかし、アパルトヘイトが国際社会で非難を浴びつづけており、融和政策が必要であることはわかっていました。そんなデクラークの人柄を、マンデラはじっくりと観察します。そして「共に仕事を成し遂げうる人物だ」と判断したのです。

デクラークも初対面のマンデラに好印象を抱き、「背が高く、オーラが彼を取り巻いていた」と後に語っています。２人は政治理念については一切話さず、お互いに協力していくことを決意するのです。

デクラークの判断により、マンデラは１９９０年にようやく釈放されます。そして翌年、１９９１年2月、デクラークは国会で「すべてのアパルトヘイト法を廃止する」と宣言し、アパルトヘイト関連の法律は消滅します。マンデラはＡＮＣ（アフリカ民族会議）の議長に就任し、デクラークに協力して、全人種代表が参加する民主南アフリカ会議や多党交渉フォーラムを開催します。白人と共に新国家を作る道を選んだのです。

「敵と平和を築きたいなら、敵と共に働かなくてはならない。そうすれば、敵はパートナーになる」。

マンデラのメッセージは、多くの国民にインパクトを与えました。

1993年、マンデラとデクラークは共にノーベル平和賞を受賞しています。

平等選挙を実現する

「人種にかかわらず、1人1票の平等な参政権を実現する」

釈放後のマンデラが最も力を注いだのは、選挙制度改革です。南アフリカでは白人を除く者の参政権は一切認められていませんでした。

少数派の白人たちは恐怖におののき、必死で抵抗します。平等選挙を認めれば当然、政権交代が起こり、これまで虐《しいた》げられてきた黒人による政府が誕生することが明らかだったからです。

そこでマンデラは、「平等選挙」によって起こりうる問題を解消すべく、あらゆる妥協策を提案します。たとえば、少数派の政党にも連立政権への参画機会を与え、黒人が支持する多数派政党が、白人に報復を行わないよう配慮を示しました。選挙制度のほかにも問題は山積みでしたが、白人と手を組んでやっていく以上、改革を一気に進めるわけにはいきません。恐怖心は、武力衝突のきっかけになるからです。目標を「平等選挙の実現」に絞り込み、ほかの選択肢をはずすことで、全人種の参政権が政府に認められます。

1994年、ついに南アフリカ史上初の自由選挙が行われました。マンデラは圧倒的な支持を得て、大統領に就任します。そして敗れたデクラークを副大統領に任命します。マンデラは尊敬していた第16代アメリカ大統領、エイブラハム・リンカーンに倣《なら》ったといわれています。リンカーンも最大のライバルだった人物を政権スタッフに迎え入れ、対話と説得により仲間に変えていきました。

「人を説得して、あたかもそれはその人自身の考え方だったかのように思わせることが、いちばん賢いやり方」と、マンデラは語っています。

「政敵を引き入れるなんて」と不快感をあらわにする支持者もいましたが、デクラークとのツーショットは、マンデラの理想とする「融和政策」を象徴するものでした。黒人マジョリティーの代表（マンデラ）と、白人マイノリティーの代表者（デクラーク）。2人のタッグは、「肌の色に関係なく、新しい南アフリカを作っていく」ために必須であり、黒人の暴動を防ぎ、白人の警戒心をやわらげる効果もありました。

マンデラは、公人としてどうふるまうべきか、自分が第三者からどう見られているか、ということに常に注意を払っていました。服装に気を使い、人前で話すときは常に穏やかな笑みを浮かべ、人の話を聞くときは、彫刻のように美しく姿勢を保ち、手足すら動かさずにじっと耳を傾けます。

大統領に就任してからは、世界中を訪問していますが、各国のセレブにも積極的に会うよう心がけました。有名人とマンデラが一緒にいる映像（あるいは写真）は、生まれ変わった南アフリカの姿を世界中にアピールするのに大いに役立ちました。カメラの前で、マンデラは世界中の有名人と握手し、肩を抱きあいました。

白人と共に新国家を作る

さらにマンデラは、スポーツを利用して国民の心をひとつにしようとします。目をつけたのは、南アフリカの国技・ラグビーです。ラグビーは白人アフリカーナの誇りで、熱狂的なファンが多数いました。一方で、黒人からは毛嫌いされていました。試合があれば敵チームを応援し、自国の選手が負けると喝采――。そんなゆがんだ状況だったのです。マンデラが代表を勤めるＡＮＣもラグビーを目の仇《かたき》にして、代表チームであるスプリングボクスが国際試合に出られないよう妨害してきました。おかげでスプリングボクスは、ワールドカップに一度も出場できず、成績も低迷していたのです。

そこでマンデラは、スプリングボクスの練習場に何度も足を運び、彼らにメッセージを送りました。

「スプリングボクスが国際試合に出られるよう応援する」

「近い将来、南アフリカでワールドカップを開催しよう」

「白人も黒人も、全国民が国を挙げてこのチームを応援している」

政治に無関心だった監督もキャプテンも、この黒人大統領のメッセージにすっかり魅了されてしまいます。国家スポーツ評議会から、「アパルトヘイト政権下に生まれたチームの名前やユニフォーム、エンブレムは変えるべき」と警告されたときも、マンデラは「今は卑屈な復讐を果たすときではない」と穏やかに相手を説得しています。

１９９５年、ワールドカップの自国開催が実現すると、ヨハネスブルグで行われた決勝戦に、マンデラはスプリングボクスのジャージと帽子姿で会場に登場します。試合前、キャプテンを激励するためにフィールドに現われたマンデラに、白人だらけのスタジアムからマンデラコールが起こります。歴史的な瞬間でした。キャプテンと笑顔で握手をかわすマンデラの姿は、白人たちの心にこびりついていた黒人政権への恐怖心を溶かしてしまったのです。

さらに、マンデラが決勝戦を応援する様子は全世界に中継され、10億人に感銘を与えました。自分の言動が南アフリカの印象アップにつながることを、マンデラは十分予測していました。

スプリングボクスは決勝戦にみごと勝利し、初出場にして初優勝を飾ります。マンデラの言動は、白人だけではなく、黒人の心もつかみ、スプリングボクスは南アフリカの融和のシンボルとして、全国民に愛される存在になったのです。このエピソードをもとに、クリント・イーストウッドが映画『インビクタス 負けざる者たち』（2009年アメリカ）を制作しています。

2007年には4大会連続出場と2度目の優勝に輝き、強豪チームとして国際舞台で注目される存在になりました。黒人監督や、黒人の人気選手も誕生し、スタジアムでは黒人と白人が共に立ち上がり、歓喜の声をあげています。

マンデラは大統領の座を1期5年で降りています。本人が望めば、きっと2期目も選出されていたでしょう。しかしマンデラは高齢を理由に出馬せず、政治には口出ししないと公言したのです。「リーダーの本当の役目は、自分が舵をとりつづけることではない。進むべき道を示すことこそが自分の役割」というコメントを残して。

マンデラの後任に選ばれたのは、副大統領だったタボ・ムベキ。マンデラは本心では、ほかの人がふさわしいと思っていましたが、多数決で選ばれたのはムベキ。ここで意義を唱えれば、民主化を進めてきた自らの言動に矛盾が生じるので、沈黙を守りました。将来、この国が民主化を推進していくためには、一時的に混乱が起きても、受け入れるべきと考えたのです。

日本でもマンデラの伝記が何冊か出版されていますが、それを読むと、彼が大統領になってからあのような言動になったのではなく、獄中からすでにリーダーとして冷静にふるまってきたことがわかります。一筋縄ではいかないミッションを前に、マンデラはこんな言葉で自分を戒めていました。

「いつまでに物事を成し遂げようという意思も、それにだけとらわれると、判断を誤る。どこへ向かって物事が進んでいるか、その方向性にいつも注意を払っておこう」

手足を動かせないような状況にあっても、ビジョンを忘れず、諦めずに行動すれば、世界を変えることはできるのです。

ネルソン・マンデラのミッション分析

ビジョン
肌の色に関係なく平和に暮らせる国を子孫に残す

ミッション1	ミッション2	ミッション3	ミッション4
国際社会の支持を得る	白人との対話を実現する	平等選挙を実現する	白人と共に新国家を作る

ミッション1のタスク	ミッション2のタスク	ミッション3のタスク	ミッション4のタスク
・民族の槍を通じて武力闘争を続ける ・仲間にメッセージを発信させる	・対話機会を得るまで釈放を拒絶する ・デクラークに協力する	・自らの人気を手段として利用し、有名人に会う ・世界各国を訪問する ・危険な場所でも赴く ・平等選挙以外の選択肢を捨てる	・白人の力を活用する ・黒人の暴動をおさえる ・新国家の象徴を作る ・真実追及委員会を開く

評価項目1
暴動死傷者数

評価項目2
投票人数

評価項目3
平等選挙の実施期日

自由
・ビジョン実現への情熱 ・許す心 ・協力者の選択
制約
・差別、弾圧の歴史と遺恨 ・黒人の教育レベルの低さ ・28年の投獄生活

■エディー・ジョーンズ（1960年〜）

野球やサッカーにおされて、日本国内での人気はいまひとつだったラグビー。そのラグビーがニュースのトップに躍り出たのは、イギリスで開催された2015年ワールドカップ大会でのことでした。

それまで世界の強豪相手にまったくと言っていいほど歯が立たなかった日本代表は、この試合で南アフリカ、サモアといった強豪を倒し、世界中のラグビーファンからの注目を集めたのです。

特に初戦の南アフリカ戦は、劇的な展開となりました。南アフリカ代表の愛称はスプリングボクス。その名のとおりサバンナを駆ける野生動物を思わせる力強いチームで、ワールドカップでの通算勝率No1を誇っています。その強豪チームが、試合終了間際にゴール前で反則を犯します。ペナルティゴールのチャンスを得た日本代表は、あえてスクラムを選択しました。

その時のスコアは、29―32で南アフリカが3点のリード。残り時間はほとんどありません。ペナルティゴールは成功すれば3点が入り、引き分け。しかし日本代表はあくまでも勝利にこだわり、トライで5点を挙げて一気に逆転することを狙ったのです。ゴール前に組まれたスクラムから出たボールを、二度三度とディフェンスに阻《はば》まれながらも粘り強くつなぎ、ついにカーン・ヘスケスが左隅にトライ。34−32と逆転した直後に試合終了を告げるホイッスルが鳴り響くという、信じられない幕切れとなりました。

世界のメディアは「奇跡」「大金星」と報じました。国を挙げてラグビーに熱狂する南アフリカの新聞の中には、「恥辱」という見出しを掲げたものもありました。

このラグビー日本代表チームを率いていたのが、エディー・ジョーンズです。2011年、日本代表のヘッドコーチに就任したエディーが掲げたのが、2015年ワールドカップでベスト8」になり「日本ラグビーの歴史を変える」というビジョンでした。

このエディーのビジョンは、どのように実現されたのか。ミッションリーダーシップの視点から分析していきましょう。

明確で誇り高いビジョンを掲げる

エディー・ジョーンズは、1960年生まれのオーストラリア人。母親は日本人。現役時代は、頭脳的な動きをする良いプレイヤーとして知られていたものの、オーストラリア代表チームにはついに縁がなく、33歳で引退。

引退後は、高校の体育教師をしていましたが、1995年に東海大学ラグビー部にコーチとして招かれ、ラグビー指導者としての人生がスタート。その後、母国のクラブチームでの指導実績が認められ、2001年にオーストラリア代表ワラビーズの監督に就任。代表としてのプレー経験がない「ノンキャップ」での抜擢でした。しかし、2003年ワールドカップで準優勝したものの、その後の成績低迷を理由に2005年に解任されます。しかし、2007年には、テクニカルアドバイザーとして南アフリカ代表をワールドカップ優勝にみちびきました。

ラグビー指導者として栄光も挫折も経験したエディーが、再び日本にやってきたのは2009年。ジャパンラグビートップリーグのサントリーサンゴリアスのゼネラルマネジャーに就任したのです。２０１１年にはヘッドコーチを兼任し、トップリーグと日本選手権を制します。

そして２０１２年4月、ラグビー日本代表ヘッドコーチに就任。この時エディーは「２０１５年ワールドカップでベスト8になる」と宣言します。

直前の２０１１年ワールドカップでは、善戦はしたものの予選全敗。それが、4年後には本戦出場となるベスト8を目指すというのです。当時の日本代表の世界ランキングは16位でした。この時エディーは、「日本人にあったスタイルと戦術を生み出すという、大きな挑戦をする」と語っています。

体格的なハンディキャップのある日本が世界で戦うためには、強豪国の真似をしているだけではダメ。自分たちのやり方で、世界を目指す。この誇り高い目標は、後に「JAPAN WAY」というシンプルな言葉になっていきます。

前章で、ミッションリーダーシップにおいて、ビジョンは簡潔であることと述べましたが、まさにそのお手本と言えます。

4年の強化策を作る

強化ポイントを絞る

エディーは、指導してきたどのチームに対しても、その特性を伸ばすことによって結果を出してきました。オーストラリア代表では、スピードと高いパス技術を鍛えて優勝。南アフリカ代表の指導では、タックル好きな国民性を理解し、ディフェンスの華であるタックルを鍛えました。

日本が鍛えるべきは何か?

エディーはまず、日本の選手の長所・弱点を徹底的に分析しました。ラグビーはボール競技ですが、攻撃においても防御においても、生身が激しくぶつかりあう格闘技のような面をもっています。スクラムでは、フォワードの8人の選手は、相手チームとがっつり組んで押しあいます。モールやラックでは、ボールを中心に両チームの選手がダンゴ状態になります。また、ボールを持って走る選手は、容赦なくタックルを受けます。つまり、体格が大きくモノを言うスポーツなのです。

その点こそが、日本ラグビーの低迷の理由とされてきました。日本人は、西洋人に比べて身長も低く、骨格も細く、体重も少ない。フォワードに頼ることができず、バックスが俊敏に動いて点をとるという攻撃スタイルになりがちでした。これでは、アジアではそれなりの結果を出せても、世界の強豪とは戦えません。

エディーはまず、徹底的なフィジカルトレーニングを指示します。エディーは、真面目で勤勉な日本人の性格をよく知っていました。どんなに厳しい練習にも耐えて、向上心をもち続けるという勤勉さ。「日本人にしかできない練習」から、「日本人にしかできないラグビー」を生み出そうとしたのです。

2013年3月、1シーズンを終えたエディーは、こう力強く語っています。

「私自身も身体が小さい。体のサイズは変わることはありません。しかし、強くなれます。速く、賢くなることもできます」

そして「世界からリスペクトされるラグビーを目指す」と宣言したのです。

主力選手を固定する

ラグビーでは、試合が始まったら、コーチはグラウンドを見守ることしかできません。刻一刻と変わる試合の情勢を把握しながら、ゲームを進めていく現場のリーダーにすべてが託されます。このため、リーダー的な立場の選手は、コーチと深い信頼関係で結ばれていないといけません。日本代表は、早くから主力選手を固定したことで、彼らを核にしたチームが出来上がりました。

象徴的な例をご紹介しましょう。

2012年4月から変わらずに日本代表の主将を務めているのは、リーチ・マイケル。ニュージーランド出身で、高校時代から日本で暮らしているフォワードの選手です。日本語も堪能。周囲に気を配る人柄の良さもあって、チームの人望も厚い。

南アフリカ戦の朝、リーチ主将はエディーとコーヒーを飲んでいました。この時、エディーから「重要な場面でペナルティを得て、行きたいと思ったらためらわずに行け」と指示を受けました。エディーは、選手に自分が信頼していることを伝えたのです。

果たして、南アフリカ戦でのノーサイド寸前に大きなヤマ場がやってきました。ペナルティゴールで同点か、トライで一発逆転を狙うか。リーチ主将の選択は、トライを狙ったスクラムでした。

この時エディーは、大声で「ショットを！」と叫んだそうです。百戦錬磨のエディーにも、スクラムからトライを狙うことは無謀に思えたのでしょう。後日インタビューでも「リーチの選択はサプライズだった」と語っています。そして、「勇敢に戦った選手たちを誇りに思う」と続けました。

リーチ主将によると、その時フィールドの選手たちには「歴史を変えるぞ」という雰囲気があり、自信を感じられたそうです。決して、一か八かのカケがたまたま当ったというわけではないのです。

仕事をまかされた主力選手が、その場の状況を冷静に判断して、ヘッドコーチの思惑をはるかに超えた結果を出す、これこそが、ハイパフォーマンスチームです。それを生んだのが、主力選手を固定化することによって強い信頼関係を醸成するというタスクでした。

強化策の実行基盤を作る

コーチを確保する

エディーは、「ヘッドコーチの仕事は、実力あるスタッフを集めること」だと語っています。自らの人脈を駆使して集めたコーチ陣は、まさにドリームチームでした。

弱点だといわれてきたスクラムでは、スクラムの強さ世界一といわれるフランス代表チームでフッカーをつとめたマルク・ダルマゾをコーチに招きました。「ひとつひとつの動作を丁寧に」と、膝を曲げる角度にまでこだわって練習を繰り返したそうです。テレビを見ながら、スクラムで見劣りのしない日本代表の姿に驚いた人も多かったでしょう。

ラインアウトからのプレーなど、フォワードの指導にあたったのがスティーブ・ボーズウィック。元イングランド代表主将で、現役時代から理論家としても名高い選手です。南アフリカ戦を前にして「ラインアウトで必要な高さを求めるために、基礎をしっかりやった」と自信を見せ、結果もそのとおりになりました。

タックル担当は、ウェールズ出身のリー・ジョーンズ。緻密で粘り強い日本人の特性を生かした、低く鋭いタックルのやり方を、選手たちに叩き込みました。

異色のコーチが、総合格闘家の高坂剛《たかさかつよし》です。アメリカの総合格闘技イベントに参戦、引退後は後進を育て、「体格で劣る日本人が、世界で大きな相手と戦う」ということを知り尽くしたアスリートです。世界一流のコーチ陣の厳しい指導を受けながらも、時には「外国人に何がわかる」と反発したくなる選手もいたことでしょう。そのメンタルサポートに、これほどピッタリの人選はありませんでした。

生活面、心理面でのコーチングも充実していました。ストレングス&コンディショニングコーチであるジョン・プライヤーが身体強化を担当。エディーも選手も、トレーニングで増えた体重の数字を具体的に挙げて、成果を語っています。

メンタルコーチを務めたのは荒木香織。スポーツ心理学の専門家で、選手たちにとっては頼れるお姉さん的存在です。プレースキッカー五郎丸歩のあのポースは、「プレパフォーマンス・ルーティン」と呼ばれ、大切なキックの前の集中力を高めるためのもの。これを五郎丸と一緒に作り上げたことで注目を浴びました。

エディーは、このコーチ陣への信頼を繰り返し口にしています。コーチ全員が、「日本人の特性」を考慮してメニューを立てていることに注目してください。リーダーが示すビジョンとミッションが明確だったからこそ、コーチ陣は、最高のパフォーマンスで遂行するためのプランを立て、高い意欲をもって取り組むことができたのです。

代表練習の時間を確保する

エディーが求めたのは、それまでに例のない長さの代表合宿でした。実に年間130日も合宿が行われました。もちろんその間、国内のチームは主力選手を欠いた状態でリーグ戦を戦うわけですから文句も出ました。しかしエディーは譲らず、自身がチームに出向いて説得することもありました。

固定されたメンバーでの長時間の練習は、当然のことながらチームの一体感を生みます。そしてプレーの連携も良くなっていきます。

一般に国の代表チームは、普段は別々の国やチームでプレーするスター選手たちの集まりです。個人の能力は高くても、十分な連携ができないと、それが発揮できません。第3戦で戦ったサモア代表がいまひとつ連携を欠いていたように見えたのは、代表チームとして練習を重ねてきた時間の差が出たのです。

国際テストマッチを組む

「チャンピオンチームを作り上げるには、インターナショナルレベルの試合を6〜7年、行う必要がある」とエディーは語っています。課題が体格差の克服にあるなら、試合の相手は、似通った体格のアジアのチームではなく欧州のチームでないと意味がありません。

２０１２年のシーズンにヨーロッパ遠征を実施。11月10日に行われたルーマニア戦で勝利、17日にはジョージア（当時はグルジア）戦では、ノーサイド直前のドロップゴール（フィールドのプレイヤーが、いったん落としたボールをゴールに蹴り入れるプレー。３点獲得）で連勝しました。

２０１３年は、ウェールズ代表を招いてのテストマッチが開催されました。６月８日は18－22で惜敗したものの、15日には23－８で、ウェールズ代表に対して史上初の勝利をおさめました。

２０１４年は、まずアジア５カ国対抗で７連覇してワールドカップ出場を決め、イタリア戦にも初勝利して、世界ランキングが10位、秋には、９位にまで上昇しました。マオリ・オールブラックス（ニュージーランド先住民族マオリの血を引く選手による代表チーム）に対しては18－20と善戦。

この後のヨーロッパ遠征では、ルーマニアに18－13で勝利。すべてキックで挙げた得点でしたが、エディーは「調子が良くないチームでいかに勝つか、選手が問題を解決した。彼らを誇りに思う」と答えています。続くジョージア戦の敗北でも、「選手は１００％出し切った」と讃えています。JAPAN WAYに、エディー自身と選手たちが手ごたえを感じている様子が見られます。

高いレベルを目指すために、勝てる相手ではなく世界レベルのチームを相手に試合を積み重ねる。「経験が必要」と信じるエディーのタスクがここにもあります。

妥協のない練習を課す

世界一の練習量を課す

JAPAN WAYを支えるのが、世界一とされる練習量でした。エディー自らも「この練習は日本人にしかできない」と言っています。

2015年春にスタートした宮崎合宿の練習は、朝6時からスタート。エディーはその前にグラウンドに出てすでに身体を温めてスタンバイしています。その厳しい練習の様子は、南アフリカ戦後の選手たちのコメントに見ることができます。

「ハードなトレーニングをしてきて、チームが1つになってきたと感じる」(堀江翔太)

「必ず相手の方が疲れると思っていた。これまで厳しい練習をしてきた甲斐があった」(田中史朗)

「ミスの後、トライをされる場面がよくあるが、それを練習から変えようという意識をもち、その練習の成果が試合にも出た」(松島幸太朗)

「精神的にも肉体的にも、ハードトレーニングを4年間やってきた結果だと思う」(五

郎丸歩）

エディーもこう語っています。

「20年間コーチングをしてきて、これほどのハードワークをしたことはない」

合宿を取材するスポーツ記者の中では、疲れ切った選手の姿に「雰囲気が暗い」「大丈夫だろうか」と心配する声も上がっていたそうです。実際、ハードワークに文句を漏らす選手が、いなかったわけではないでしょう。ストレスを与えて選手たちを追い込み、直前にそれを緩めることで結果を生む。これも、エディーの心理作戦でした。「選手に好かれようとは思わない」と断言するエディーの信念の強さを感じさせます。

こうして「世界一の練習を積み重ね、自分たちのラグビーを作った」と心と身体に刻んだ選手たちは、JAPAN WAYに自信をもって南アフリカ戦のフィールドに飛び出していきました。その結果が、あの劇的な勝利でした。

世界を驚かせた日本は、3日後に行われたスコットランド戦では後半失速してゲームを失ったものの、続くサモア戦とアメリカ戦には快勝。しかし、勝ち点の関係で、ベスト8に進むことはできませんでした。

予選3勝のチームが本戦に進めなかったのは、ワールドカップ史上はじめてのことです。もし本戦に出場できたら、日本代表は世界を相手にどう戦ったでしょうか。いま思い出しても、本当に残念です。

この大会での日本代表は、日本中、いや世界中のラグビーファンの心を強く揺さぶりました。大人も子供も五郎丸のポーズを真似し、ラグビー部に入部希望者が殺到するという光景を、五年前に想像した人がいたでしょうか。そして2019年ワールドカップでの日本代表の活躍を、誰もが夢見ているに違いありません。国内だけではありません。日本代表は、世界から注目され、リスペクトされるチームになりました。

間違いなく、エディー・ジョーンズは日本のラグビーの歴史を、鮮やかに変えてみせたのです。

エディー・ジョーンズのミッション分析

ビジョン
2015年W杯ベスト8になり歴史を変える

ミッション1	ミッション2	ミッション3
4年の強化策を作る	強化策の実行基盤を作る	妥協のない練習を課す

ミッション1のタスク	ミッション2のタスク	ミッション3のタスク
・強化ポイントを絞る ・主力選手を固定する	・コーチを確保する ・代表練習の時間を確保する ・国際テストマッチを組む	・世界一の練習量を課す ・合宿所でラグビー漬けにする

評価項目1
日本代表出場総数

評価項目2
テストマッチ勝敗数

評価項目3
W杯勝敗数

自由
・選手の選択、キャンプ総日数
・コーチの選択
・戦術、練習時間

制約
・日本人は体が小さい
・日本にはプロリーグがない

■スティーブ・ジョブズ（1955〜2011年）

スティーブ・ジョブズ。彼は、パソコンのあり方を根本から変えたカリスマ的存在であり、携帯音楽プレイヤー「iPod」、スマートフォン「iPhone」、タブレット型コンピュータ「iPad」など、スタイリッシュで革新的な多くの製品を世に送り出しました。

私生児として生まれ、養子に出されたスティーブは、ブルーワーカーの里親に育てられます。養父は学歴もなく、職を転々と変えながら生計を立てていました。

5年上のエンジニア、スティーブン・ウォズニアックと共にアップルコンピュータを共同設立。自社開発のパソコンが当たって大金を手にしますが、ワンマンな言動が原因で、創業者でありながら会社から追放されてしまいます。しかし、ジョブズ不在の間にアップルの業績は低迷し、12年目にしてアップルの経営者として返り咲きます。（この間、ジョブズは映画制作会社のピクサー社を設立し、「トイ・ストーリー」で大成功を収めていました）

アップルに復帰したジョブズが真っ先に行ったのは、アップル社に必要なものと無駄なものを徹底的に洗い出すことでした。当時のアップルは、マイクロソフトにならい、ＰＣ市場の寡占状態を作り出そうとさまざまなジャンルに手を出し、製品数もプロジェクト数も複雑多岐にわたっていました。

そこでジョブズは主力製品を高額コンピュータに限定し、製品ラインを徹底的に絞り込みます。絞り込むことで、圧倒的に高いクオリティを実現しようという作戦です。

パソコン、携帯音楽プレイヤー、携帯電話、タブレットＰＣ。

ハードウェアが軒並み価格競争にさらされるなか、どのジャンルにおいても、「アップル製品なら高くても売れる」という評価を受けて、勝ち残ってきました。

その成功を支えていたのは、「世界を変える。世界に衝撃を与える」というジョブズのビジョンです。誰も考えつかないような画期的な製品を生み、広めることに、彼は人生を捧げました。その過程を、ひとつずつ見ていきましょう。

ホームコンピュータを変える

アップル社のパソコン第1号機「Apple Ⅰ」は、共同設立者のウォズニアックが制作しました。安いＣＰＵを使って設計し、木箱に収めたハンドメイド製品です。これに続く「Apple Ⅱ」（１９７７年）はフルカラーで、一般ユーザーでも使用できる最初のオールインワンマシンでした。コンセントに入れたらすぐ使える手軽さに加え、インベーダーゲームもできるとあって、飛ぶように売れました。Apple Ⅱの成功により、アップルは１９８３年、「フォーチュン５００」にランクインを果たすのです。上場後わずか３年後の快挙でした。

83年にリリースした「Lisa」にはパソコンとして初めてマウスを採用し、GUI（グラフィカル・ユーザー・インターフェース）環境を搭載しました。これ以降、アップルＰＣにはGUIとマウスクリック方式が定着します。

84年にMacintoshがデビューしたとき、人々はマウスを利用した快適な操作性に衝撃を受けます。電源を入れると「ポーン」という優しい音と共に起動し、画面に「?」

マークつきのフロッピーディスクの絵が出現。フロッピーを挿入すると、キコキコ、キコキコと読み込む音がして、ピカソを思わせるMacのフェイスアイコンと「Welcome to Macintosh.」という文字が表示される……。パソコンが、意思をもった生物のように見えるワクワクする演出も、従来のパソコンにはない魅力でした。

「このマシンには世界を変える力がある」

そう確信したジョブズはMacの宣伝に１００万ドルという巨額の資金を注《っ》ぎ込みます。宣伝を強力にサポートしたのは、前年にペプシコから引き抜いたジョン・スカリーでした。スカリーは同社の事業担当社長で、挑発的なＣＭキャンペーンでコカコーラを王座からひきずりおろした実績の持ち主です。

ビル・ゲイツよりも早く「一般ユーザー」を意識していたジョブズは、ペプシコのマーケティング手法を取り込むことで、業界No1のＩＢＭに引導を渡そうとしたのです。

スカリーは最初、15歳も年下の若造（ジョブズ）の誘いを受け流そうとしました。すでにペプシコで安定した地位を得ており、わざわざ新興企業に移る理由はなかったのです。しかし、ジョブズは18カ月にわたり熱心にアプローチを続けました。この時、スカリーの心を射抜いた決め台詞《きぜりふ》は、世界的に有名です。

"Do you want to sell sugar water for the rest of your life, or do you want to change the world?"

（あなたは残りの人生で、砂糖水を売りつづけたいんですか？　それとも、世界を変えたいのですか？）

ジョブズの言葉どおり、マウスをわずかに動かすだけで直感的に操作できるMacは、人々のパソコンへのアプローチを一変させるものでした。マニアたちは、初心者でも扱えるMacを「あんなものはおもちゃだ」と馬鹿にしましたが、Macの登場は、パソコン開発の現場に衝撃を与えます。その後、世界中のほぼすべてのパソコンはマウスをつけ、メニューを選んで操作するGUIスタイルに統一されていくのです。

ホームコンピュータにイノベーションをもたらしたGUIとマウスは、「アップル社（もしくはジョブズ）が発明した」と勘違いしている人がいますが、実はゼロックス社で研究されていた「アルト」というコンピュータから取り入れたものでした。ジョブズは「アルト」を視察した際に強烈にインスパイアされ、自社のパソコンに取り入れたのです。ユーザー目線で「これはいい」と思ったとき、ジョブズはためらいなく行動に移すことをモットーにしていきました。

音楽鑑賞スタイルを変える

「トランプほどの大きさで、5GBの容量がある。あなたの音楽ライブラリーをすべて持ち歩けます」

2001年10月。記者発表のステージに立ったジョブズは、iPodを片手に持ち、自信満々に切り出しました。当時売り出されていた携帯音楽プレイヤーは10数曲しか入らないものが主流。iPodは1000曲を持ち歩ける、画期的なプレイヤーでした。

とはいえ、価格は1台399ドルと高額(日本では4万7800円)。記者からは、「そんなに高い音楽プレイヤーを誰が買うんだ」「そもそも、1000曲も持ち歩く必要があるのか」という声が上がります。

しかし、ジョブズが目指したのは、大容量の携帯音楽プレイヤーではありませんでした。既存の音楽プレイヤーの不便さ、使い勝手の悪さをすべて解決し、ストレスなく音楽を持ち歩き、楽しめる環境を提供したかったのです。

既存の携帯音楽プレイヤーは大きな問題を抱えていました。大半のユーザーは、購入して数週間もたつと音楽プレイヤーを使わなくなるのです。その理由は明らかでした。容量が小さいので、聞き飽きて新しい曲を持ち運びたくなったら、プレイヤーの中身をいちいち入れ替えなければなりません。その手間が面倒で、多くの人が放置していたのです。また、商品によっては10個以上もボタンがあり、ユーザーの混乱を招いていました。目当ての曲にたどりつくまで、何度も何度もボタンを押さなくてはならないのです。

そこでアップルは、複雑な操作を取り除き、まったく異なるデバイスを作ることにしたのです。大容量メモリに加え、使い勝手にとことんこだわりました。

試作品第1号が完成すると、ジョブズは毎日のように口を出しました。

「好きな曲を聴くのに、3回以上ボタン操作をしないといけないなんて！」と不機嫌になったり、「音量が小さい」「音質のシャープさが足りない」「メニューの表示が遅い」

など、何かしら問題点を指摘されるので、開発者は日々、改善に追われました。

1号機でボタンの代わりに採用されたのは、回転式の「スクロールホイール」でしたが、翌年発表された第2世代以降では、タッチセンサーを搭載した「タッチホイール」に進化しました。タッチホイールの操作性はすばらしく、指先で軽くなでるだけで、信じられないほどスピーディーに選曲できました。その快適さは、音楽ファンの心をがっちりつかみました。

さらに2003年4月、アップルは音楽ダウンロードサービス「iTunes」を開始します。著作権を守りながら、動画や音楽を配信するというものです。当時、音楽業界では海賊版の販売業者や、フリーソフトで違法ダウンロードを行うユーザーによる著作権侵害が問題視されており、頭を痛めていたレーベル各社は、「iTunes」に飛びつきました。

このおかげでユーザーはあらゆるレーベルの新譜を直接、PCに取り込み、iPodに同期させて自由に持ち歩けるようになったのです。

ただ、iTunes（App Store）上のアプリは、開発言語が独自のもので、Appleの端末上でしか使えません。この魅力的なサービスを使いたいがために、ＰＣをMacに乗り換える人まで現われました。これを受けて、２世代機ではWindowsで動くようiTunesを移植して一気にハードルを低くします。これにより、WindowsPCのユーザーが、初めてアップル製品を手に取るようになったのです。

さらに３世代機では、iTunes Music Storeを導入。日本では２００５年８月にサービスが開始され、わずか４日で１００万ダウンロードを突破しました。iPodとそれに付随するサービスは、全世界の音楽ファンのライフスタイルを変えてしまったのです。

電話を変える

２００７年にアップルが携帯電話端末「iPhone」を発表したとき、多くの人が首をひねりました。「なぜアップルが携帯を?」

従来の携帯電話ビジネスは、「通信社に端末を売る」ことで成り立っていた市場です。

エンドユーザーの支持を背景に成長してきたアップルには、通信会社とのネットワークも営業ノウハウもありませんでした。

しかし、大方の予想に反して、iPhoneは世界で最も多く売れるスマートフォンになったのです。２００７年6月、アメリカでの発売初日、アップル直営店の周囲では発売日の前日から１０００人が行列を作り、ほとんどの店が1時間前後で完売しました。

２０１３年末における世界の累計販売台数は、4億７０２８万台。全世界のユーザーがiPhoneを欲しがり、iPhoneを扱っていない通信会社は契約者数を大幅に減らす事態になりました。

iPhoneは「携帯電話」として売られていますが、厳密に言うとパソコンの延長上にある付属機器（スマートフォン）です。パソコンのデータや機能の一部を持ちながら、通話もできるという多機能が売りでした。従来の携帯電話より大きな画面は、ＰＣ用のサイトを快適に閲覧できます。通信速度も携帯電話より早く、無線ＬＡＮも利用できます。パソコンユーザーにとって、これほど便利な携帯機器はありません。そのうえ、iPodの機能も備えているので、携帯音楽プレイヤーの代わりにもなりました。iPhoneが携帯電話と決定的に違うのは、ボタンひとつだけのシンプルなデザインです。タッチスクリーンの上で指を動かすだけで細かい操作ができるので、キーボードや数字ボタンを何度も押すわずらわしさはありません。

そして極めつきは「アプリ」の存在です。iPhoneが発表されると、世界中のユーザーや会社が、iPhone向けのアプリケーション（ゲームやスケジュール管理ソフトなど）を次々と制作し、公開していきました。

iPhoneはアプリ容量が豊富なうえ、高度なアプリを動かす性能も備えていたので、アプリの開発が容易にできるのです。

２００万を超えたiPhoneアプリは日々増えつづけており、さまざまなソフトやゲームから好みのものをチョイスできます。アプリのおかげで、ユーザーはiPhoneを自分好みの携帯端末にカスタマイズできるようになりました。結果、人々はiPhoneを手放せなくなり、世代が変わってもiPhoneを使いつづけるファンになっていったのです。

これこそが、ジョブズの狙いでした。彼がiPhoneの開発チームに最初に伝えたコンセプトを紹介しましょう。それは実にシンプルな言葉でした。

「人々が恋に落ちる電話を作りたい」

財布は忘れても、この電話だけは肌身離さず持ち歩く。ジョブズはそんな場面を想像して、開発者たちに伝えたのです。画面の大きさ、操作性、アプリといった要素は、「どうすればユーザーが恋するか」を考えた結果、ついてきたものなのです。

パソコンを変える

2002年から発売されたタブレットPCは、サイズ上の比較から、ノートPC（ネットブック）とスマートフォンの中間に位置するものと考えられていました。そんな中、2010年にアップルがリリースしたのがiPadです。

iPadはiPhoneと同じインターフェースをもつPCで、共通のOS（iOS）とマルチタッチスクリーン方式が採用されています。iPhoneユーザーにとっては、迷いなく操作できる端末でした。しかし、それだけではありません。ここに電子書籍用のアプリなど、新たな機能が搭載されたことで、iPadは従来にない価値を生み出していくのです。電子書籍を読むアプリケーションを使って本や雑誌をダウンロード購入すると、画面上の本棚に並べているように表示され、タップすると、全画面に表示されます。

記者発表で、ジョブスはiPadをこう表現しました。

「魔法のような、革命的なデバイス」

バッグに入れて持ち歩ける軽さ。スムーズなインターネット閲覧。そして、子供でも老人でも使える直感的な操作。この3つの要素がすべてそろうことで、iPadはモバイルPCの従来のジャンルを超える存在となりました。

アメリカでWi-Fi版の販売が開始されると、発売初日で30万台が売れました。ダウンロードされたiPadアプリは100万本、iBook storeからダウンロードされた電子書籍は25万冊を記録しました。そして雑誌ダウンロードに伴い表示される純正広告

「iAd」は、アップル社に莫大な利益をもたらすようになります。

「Wall Street Journal」によると、iAdの広告料金は、一般的なネット広告の5～10倍という高額にもかかわらず、6000万ドル（54億円）超の出稿申し込みがありました。それは、2010年上期の全米モバイル広告費の50％に相当する額でした。この現象は、いずれiPadが紙のメディアに取って代わる存在になっていく可能性を示しています。

それまでのタブレットPCは、使いこなすのにある程度のITリテラシーが必要でしたが、iPadは違います。はじめて手に取る人でも直感的に操作できるので、幼児教育からシニアサービスの現場など、あらゆるユーザー、あらゆるシーンで利用できるのです。

今、iPadは「電子ペーパー」として多くの場面で活用されはじめています。たとえば　米国のメルセデスベンツの販売員は、車のそばで顧客にiPadを見せながら商談をし、日本のある高校ではiPadを100台、教材として採用し、将来的にはテストにも活用する計画を発表しました。これはPCともスマートフォンとも違う、iPad

だけがもつ特性と言えます。

ジョブズはアップルに復帰すると、新しい広告キャンペーンを実施しました。キャンペーンタイトルは、「Think Different（違う考え方を持て）」。アインシュタイン、ボブ・ディラン、パブロ・ピカソらの顔が次々に映し出され、ナレーションが流れます。

「正気でない人たちがいます。社会不適者、不平ばかり言う、問題児です。彼らは世間を違う目で見ている人たちです」「正気でない人だけが、自ら世界を変えられると信じ、それによって世界は変わっていくのです……」

「正気でない人」とは、ジョブズ自身のことでもありました。彼はプレゼンでの紳士的な態度とは裏腹に、社内ではしばしば暴君になりました。会議でジョブズの意見に異を唱えた社員は「クビにする」と脅され、開発現場ではスケジュールぎりぎりになって大幅な変更を要求し、エンジニアを追い込むこともしょっちゅうです。しかし、その異常なまでのこだわりが、iPadやiPhoneの開発を支え、凋落《ちょうらく》していたアップルを再生させたのです。

ジョブズの復帰をきっかけに、アップルの業績は右肩上がりに回復し、時価総額は２０１０年にマイクロソフトを抜き、２０１１年には世界トップになりました。

２０１０年、iPhone ４ sが発表されると同時に、スティーブ・ジョブズは病のためこの世を去りますが、ジョブズに口説かれてアップルに入り、そのビジョンを共有してきた現ＣＥＯティム・クックの下、アップルの業績は好調さを保っています。

スティーブ・ジョブズのミッション分析

ビジョン

世界を変える

ミッション1	ミッション2	ミッション3	ミッション4
ホームコンピュータを変える	音楽鑑賞を変える	電話を変える	パソコンを変える

ミッション1のタスク	ミッション2のタスク	ミッション3のタスク	ミッション4のタスク
・Apple Ⅰ & Ⅱ、Macintoshでパーソナルコンピュータ市場を創造する ・ゼロックスのマウスを採用する	・iPodの操作を直観的にする iTunesで音楽のダ ・ウンロードを可能にする	・iPhoneで電話、情報端末、iPodの3機能を1つにまとめる ・タッチスクリーンのみで直観操作を可能にする	・iPadでiPhoneと同じインターフェースのパソコンを作る ・電子書籍の購読と連動させる

評価項目1

新サービスの市場規模と金額

評価項目2

新商品の売上高

評価項目3

新サービスのユーザー数

自由

・発想
・市場の変化の速さ
・市場の参入障壁の低さ

制約

・他社の特許
・株主の期待

■豊臣秀吉（1537〜1598年）

元の名は木下藤吉郎。秀吉は尾張国の百姓（足軽との説もあり）の子として生まれました。身分の低い家に生まれながら、天下人まで大出世した秀吉は、日本史上で唯一の存在です。

秀吉の運命を変えたのは、戦国のカリスマ・織田信長との出会いでした。「完全実力主義」の主君に仕えることで、秀吉は武将としてめきめきと頭角を現していきます。数多くの城を落とした功績から、「城攻めの名手」と呼ばれ、信長が上洛した際は、京都での政務を任されるまでになります。

信長が本能寺で明智光秀に討たれると、秀吉は出征先の備中《びっちゅう》から京へ取って返して、山崎の戦いで光秀を破ります。そして賤ケ岳《しずがたけ》の戦いで柴田勝家を滅ぼし、信長の後継者の地位を手にします。ここでは、秀吉が「天下人」を意識したときを起点に、ミッションリーダーシップの要素を探っていきましょう。

「天下統一を果たす」というビジョンを実現するためのミッションは、次の4つでした。

信長の仇を取る

1582年、信長が本能寺に倒れたとき、秀吉は備中の高松城にいました。中国地方（山陰・山陽一帯）を支配する毛利輝元と、城をはさんでにらみあっていたのです。そこへ飛び込んできた主君の訃報に、秀吉は茫然自失し、ボロボロと涙を流したといわれています。この時、秀吉は46歳。

秀吉には勝算がありましたが、一刻も早く京都に戻って明智光秀を討つために、毛利との戦をやめる決意をします。毛利氏と和睦した秀吉は、一行に告げます。光秀成敗のため、すぐさま京へ向かわねばならないこと。そして側近に命じ、「光秀を討つ。さすれば天下は羽柴（秀吉）様のもの」というメッセージを拡散させました。光秀討伐がただの弔い合戦ではなく、天下統一への道であることを明確に示したのです。

これから向かうのは、天下取りの大舞台――。それを理解した兵たちは大いに発奮し、雨でぬかるんだ道をものともせず、一斉に京へと向かいます。1日平均27キロメートル、5日で187キロという驚異的なスピードでした。

後に「中国大返し」と呼ばれるこの高速移動は、光秀に反撃の準備期間を与えず、秀吉の立場を圧倒的に有利なものにします。

信長の組織を乗っ取る

三法師の後見人になる

山崎の戦いで光秀を滅ぼしたことで、秀吉は織田家臣団の中で一気に評価を高めます。が、筆頭家老として最高権力を握っていた柴田勝家は、秀吉のことを内心、快く思っていませんでした。

勝家は清洲《きよす》城で会議を開き、信長の後継者を誰にするかを話し合います。出席者は、勝家、丹羽長秀、池田恒興《つねおき》、そして秀吉の４名。

後継者の有力候補は２人。信長の次男・信雄《のぶかつ》と三男の信孝です。「秀吉は信雄を推すだろう」と思っていた勝家は、信孝を推薦します。ところが秀吉は、「跡目相続は、三法師様（信長の嫡孫）に」と思わぬことを言い出します。三法師はまだ3歳の幼児。「たわけたことを」と呆れ返る勝家でしたが、当然、反対すると思っていた丹羽長秀、池田恒興が2人とも、「秀吉どのに同意」と言うではありませんか。実は秀吉が事前に、2人に根回しをしていたのです。筆頭家老を出し抜いた秀吉は、「三法師の後見人」として、実質的に織田家臣団の頂点に立ちます。

柴田勝家を滅ぼす

清洲会議の翌月、秀吉は自らの手で信長の葬儀を大々的に執り行い、自らの子飼いの部下を京都奉行に任命しました。

これを知った勝家は、「やはり、秀吉は織田家を乗っ取るつもりだ」と敵意をむきだしにしますが、天正11年（1583年）、賤ケ岳で激突した秀吉・勝家の戦は、秀吉の勝利に終わります。この時も、勝家の甥《おい》・勝豊を調略で寝返らせたり、勝家方の有力武将・前田利家をひそかに味方に引き入れるなど、秀吉は敵方深くに入り込み、事前工作を行っていました。

勝家を滅ぼした秀吉は、信長の継承者として誰もが認めざるを得ない存在となり、旧織田家臣を従属させることに成功するのです。

ただし、唯一の例外がありました。「関東一の弓取り」として知られていた徳川家康です。織田信雄に助けを求められ、小牧・長久手の戦で秀吉と対戦した家康は、秀吉に圧勝しています。

家康との同盟

局地戦とはいえ、家康に敗れたことに秀吉は焦ります。このままでは家康の背後に控える北条、伊達らが家康と組んで、反秀吉連合を結成するかもしれません。

そこで秀吉は、自分の妹を家康の嫁に差し出し、さらに実母の大政所《おおまんどころ》を人質として家康の元に差し向けます。身内を犠牲にしてまで、家康と和睦をはかったのです。家康はしぶしぶ、秀吉の臣下になることを承知します。

織田家の子孫を骨抜きにし、家康と同盟することで、秀吉への叛乱のリスクは激減しました。

未統一地方を制圧する

四国平定

信長が手がけていた天下統一プロジェクトは、道半ばでした。秀吉は、未統一地方の中からまず、四国に手をつけます。ターゲットは、四国統一を達成しかけていた長宗我部元親。元親には勇敢な兵士群がいましたが、阿波（徳島県）、讃岐（香川県）、伊予（愛媛県）の三方から攻め込まれ、抗《あらが》うすべもありませんでした。もとから領有していた土佐（高知県）一国のみを許され、元親は一大名に戻ります。

九州平定

次は九州です。当時、秀吉は関白に任命されたばかりでしたが、薩摩の島津義久は「あのような成り上がり者は認めない」と秀吉への嫌悪感をあらわにします。そこで秀吉は諸大名に「九州征伐」を宣言。40におよぶ諸国に号令をかけ、天正15年（1587年）3月、自ら兵士20万人超、軍馬2万頭の大軍を率いて北九州へ上陸します。勇猛で鳴らした島津勢も、秀吉の圧倒的勢力におされ、瞬く間に九州南端まで押し戻され、ついに降伏します。

関東平定

最後の総仕上げは関東でした。ターゲットは、小田原の北条氏政・氏直親子。彼らは1年分の弾薬や兵糧を用意し、秀吉が責めてきても、持久戦で対抗できると踏んでいました。しかし、北条方は秀吉を甘く見ていました。秀吉は北条攻めに22万という大軍を投入します。対する北条方は、わずか5万。

秀吉軍の規模を知った北条方に動揺が走ります。城をぐるりと囲まれた小田原城には援軍も近寄れず、補給もままなりません。「長期戦に持ち込めば、小田原城は必ず落ちる」という秀吉の予想どおり、22万の軍勢を前に、北条親子はついに抵抗を諦めます。

長期政権の基盤を作る

大坂城を築く

大坂城は1583年から15年がかりで築かれました。1583年といえば、本能寺で信長が果てた翌年。「信長の後継者」であることを強く意識していた秀吉は、信長が築いた安土城を手本に、すべての面で安土城を超えるものを目指しました。千鳥破風《ちどりはふ》が並ぶ五層の屋根に、金箔の虎をほどこした黒漆喰の壁、軒に連なる金箔の瓦は、絢爛豪華。その豪壮華麗さから「三国無双」と称されるほどでした。

秀吉は天下統一事業を進めながら、安土城を超える大坂城を築くことで、自身と家臣たちの士気を高めていったのです。

関白の地位を手に入れる

秀吉が天下に号令するためには、誰もが納得する官職に就く必要がありました。本来は、武将のトップである「征夷大将軍」がふさわしいのですが、戦で家康に負けたので名乗れません。そこで秀吉は、前関白で太政大臣の近衛前久《このえさきひと》の養子となって、自らが関白に就任してしまうという大技を繰り出すのです。関白とは天皇の補佐役です。つまり、秀吉は「帝の名のもとに、大名を屈服させる権利」を手に入れたのです。これが天下統一に役立ったことは言うまでもありません。

検地・刀狩を実施する

自分の支配をより強固なものにするために、秀吉はさまざまな政策を行います。そのひとつが「検地」です。全国の田や畑の広さや生産力を国が一括管理するしくみです。米の収穫量をもとに土地の価値を決め、「検地帳」を作って、どの土地をどの農民が耕し、税をおさめているかを記録させました。

続いて「刀狩令」です。表向きは、「大仏建造の材料調達のため、刀や鉄砲を徴収する」というものでしたが、実際は農民から武器を取り上げ、農業に専念させるのが目的とされています。秀吉自身も「農民」の出身。武装すれば、彼らが恐ろしい存在になりうることを、誰よりも知っていたのでしょう。

明確なビジョンをもち、周到に計画されたミッション・タスクを驚異的なスピードで次々とクリアすることが、秀吉の人生でした。

豊臣秀吉のミッション分析

ビジョン			
天下統一を果たす			

ミッション1	ミッション2	ミッション3	ミッション4
信長の仇を取る	信長の組織を乗っ取る	未統一地方を制圧する	長期政権の基盤を作る

ミッション1のタスク	ミッション2のタスク	ミッション3のタスク	ミッション4のタスク
・毛利と講和する ・明智光秀を討つ	・織田家（三法師）の後見人になる ・柴田勝家を討つ ・徳川家康と同盟する	・四国を平定する ・九州を平定する ・関東を平定する	・大阪城を築く ・関白になる ・検地・刀狩を実施する ・世継ぎを作る

評価項目1	
	政権傘下石高数

評価項目2	
	直轄石高数

評価項目3	
	階位

自由	
	・戦闘戦術 ・抜擢人事・報償 ・外交戦略 ・謀略
制約	・百姓という出自 ・一族郎等の少なさ ・信長の子孫の存在

付録

ミッションリーダーシップ ワークノート

※すべてのワークノートを 1 ページごとに 165% 拡大コピーすると、A4 サイズになりますのでご利用ください。

1 ビジョンを設定する (P60参照　ビジョンの指針)

組織のビジョン

チェックポイント

・夢があるか？
・簡潔か？（20文字程度）
・明確か？
・力のある言葉か？
・10年先まで言いつづけられるか？
・他社との差別化ができているか？

2 ミッションを設定する（P88参照　ミッションに求められる条件）

組織のミッション

①

②

③

チェックポイント

・簡潔か？（20文字程度）
・明確か？（取るべきタスクが思い浮かぶか？）
・what（何）、why（なぜ）が関係づけられているか？
・ビジョンを達成するためのステップであるか？

※1ページごとに165%拡大コピーすると、A4サイズになりますのでご利用ください。

3 評価項目

①

②

③

チェックポイント

- ミッションが達成したときの姿を示しているか？
- 常に見たい、知りたいと思うか？
- 客観的な数値が取れるか？

4 自由と制約を設定する

自由

制約

チェックポイント

・自由は制約の裏返し
・制約は明確か？
・制約を事前に共有しているか？

※１ページごとに165％拡大コピーすると、A4サイズになりますのでご利用ください。

5 タスクを設定する（P101参照　タスク設定の条件）

組織のタスク

チェックポイント

・簡潔、明確か？
・期日は明確か？
・担当者は明確か？
・進捗状況を明確に共有しているか？

6 ミッション分析シート

ビジョン

ミッション1	ミッション2	ミッション3

ミッション1のタスク	ミッション2のタスク	ミッション3のタスク

評価項目1

評価項目2

評価項目3

自由
制約

※1ページごとに165%拡大コピーすると、A4サイズになりますのでご利用ください。

ASPIRE診断基準		
2	3	4
理解	実践	波及
目的の明確化と共有の重要性を理解しているが、実践が伴っていない。	目的を明確にし、共有する事を実践している。	目的を明確にし、共有することを、周囲に実践させている。
目的明確化の必要性は理解しているが、しばしば不明確なまま放置している。目的共有の必要性は理解しているが、しばしば共有を失念することがある。	目的の明確化を常に自ら徹底している。目的を繰り返し共有するよう、常に自ら徹底している。	目的を明文化するよう、常に部下を指導している。目的を繰り返し共有するよう、常に部下を指導している。
状況の明確化と共有の重要性を理解しているが、実践が伴っていない。	状況を明確にし、共有する事を実践している。	状況を明確にし、共有することを周囲に実践させている。
状況明確化の必要性は理解しているが、しばしば不明確なまま放置している。状況共有の必要性は理解しているが、しばしば共有を失念することがある。	状況の明確化を常に自ら徹底している。状況の共有を常に自ら徹底している。	状況の明確化をするよう、常に部下を指導している。状況の共有をするよう、常に部下を指導している。
計画の明確化と共有の重要性を理解しているが、実践が伴っていない。	計画を明確にし、共有する事を実践している。	計画を明確にし、共有する事を周囲に実践させている。
計画明確化の必要性は理解しているが、しばしば不明確なまま放置している。計画共有の必要性は理解しているが、しばしば共有を失念することがある。	計画の明確化を常に自ら徹底している。計画の共有を常に自ら徹底している。	計画の明確化をするよう、常に部下を指導している。計画の共有をするよう、常に部下を指導している。
部下のやる気を引き出す言動の必要性を理解しているが、実践が伴っていない。	意図的・計画的に部下のやる気を引き出す言動をとっている。	部下のやる気を引き出す言動を、意図的・計画的に周囲に実践させている。
意識はしているが、部下のやる気を引き出す言動がうまくとれない。	相手の立場に即した言動で部下のやる気を引き出している。例を使って部下のやる気を引き出している。率先行動で部下のやる気を引き出している。	社員のやる気を引き出す方法を、部下にコーチングしている。
状況変化に対応し、諦めない姿勢の重要性を理解しているが、実践が伴っていない。	厳しい状況や、想定外の変化に対応し、最後まで諦めない姿勢をとっている。	変化に対応し、最後まで諦めない姿勢を、意図的・計画的に周囲に実践させている。
意識はしているが、苦しい時に前向きな言動を示せない。	苦しいときにこそ、笑顔を絶やさない。苦しいときにこそ、将来の成功像を示す。	苦しいときにとるべき言動を、部下にコーチングしている。
成果の確認とフィードバックの重要性を理解しているが、実践が伴っていない。	意図的・計画的に成果の確認とフィードバックを与えている。	互いに成果を確認し、フィードバックを与えるよう、意図的・計画的に周囲に実践させている。
ほめようと思っていても、悪いところが目について、そこばかり指摘してしまう。ほめようと思っても、照れくさくて言葉にできない。	意図的・計画的に成果の確認とフィードバックを与えている。意図的・計画的に成果の確認とフィードバックを与えている。	独自のフィードバックスタイルを確立し、周囲にコーチングしている。

7 ASPIRE 診断基準表

ASPIREの要素				ASPIRE診断基準
英語	日本語	説明		1 意識外
Aim	目的	明確化 共有化		目的の明確化と共有化がなくても、指示さえあれば部下は動けると思っている。
		行動例⇒		目的が不明確であることを自覚していない。目的が共有されていないことを自覚していない。
Situation	状況	明確化 共有化		状況の明確化と共有化がなくても、指示さえあれば部下は動けると思っている。
		行動例⇒		状況が不明確であることを自覚していない。状況が共有されていないことを自覚していない。
Plan	計画	明確化 共有化		計画の明確化と共有化がなくても、指示さえあれば部下は動けると思っている。
		行動例⇒		計画が不明確であることを自覚していない。計画が共有されていないことを自覚していない。
Inspire	示唆	士気の鼓舞 例の活用 率先行動		やる気を引き出さなくても、指示さえ出せば部下は動くと思っている。
		行動例⇒		士気を高めるべきときに、周囲の反応を考慮しない言動をとる。
Reinforce	強化	反復・継続 変化への対応 成果への執着		状況変化に対応し、諦めない姿勢が無くても、指示さえ出せば部下は動くと思っている。
		行動例⇒		苦しいときに、周囲の反応を考慮しない言動をとる。
Evaluate	評価	フィードバック 成果の承認・賞賛		間違いを指摘さえすれば部下は成長すると思っている。
		行動例⇒		ほめると部下は調子に乗るので、ほめないことにしている。照れくさいから部下はほめないことにしている。

※1ページごとに165%拡大コピーすると、A4サイズになりますのでご利用ください。

8 ASPIRE 自己診断レーダーチャート

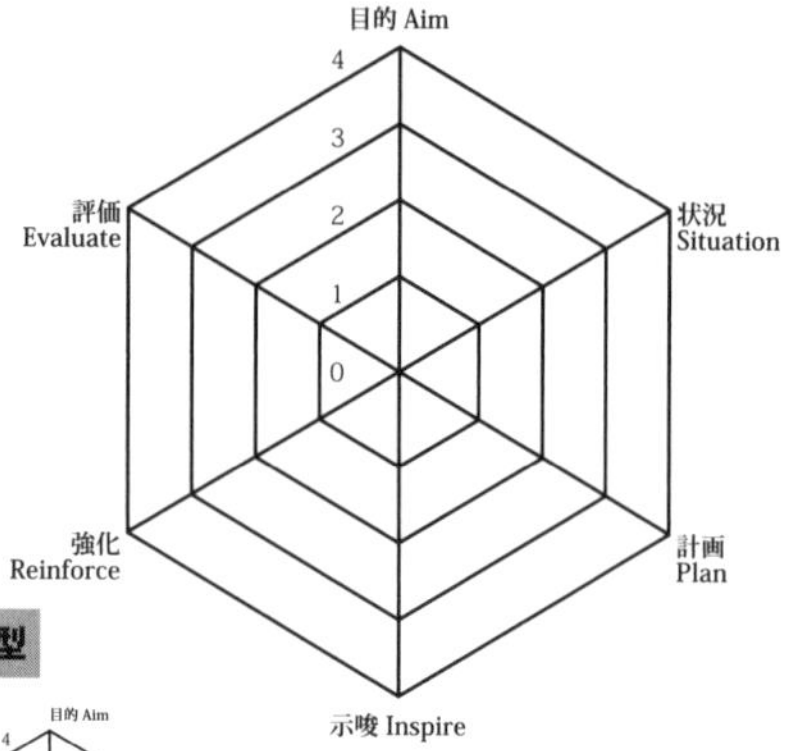

ASP 型＝頭型

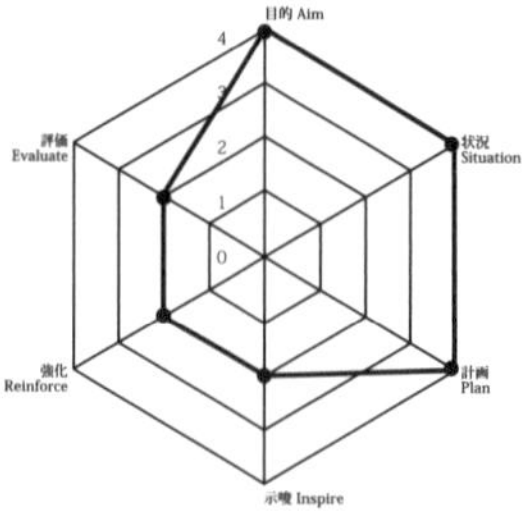

IRE 型＝心型

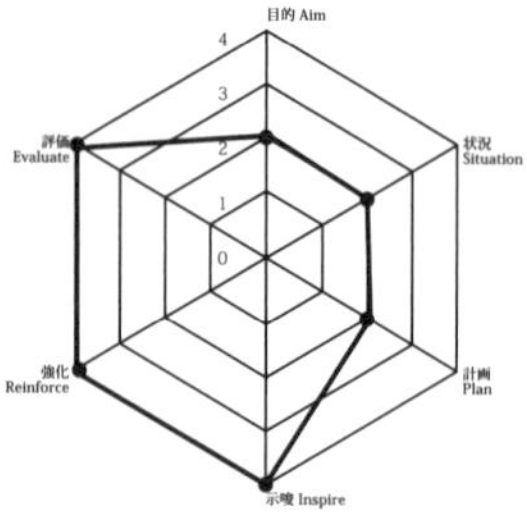

A-I 型＝未来型

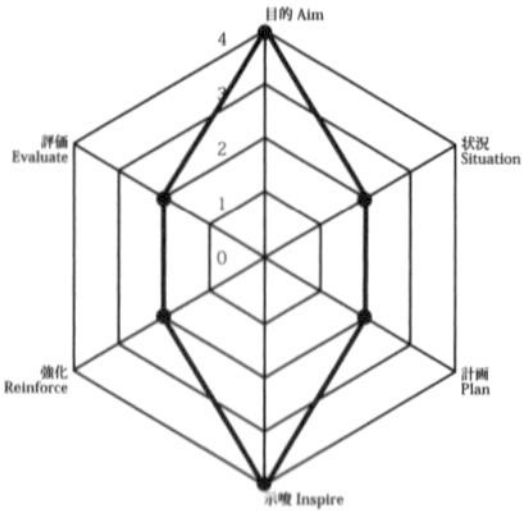

S-R 型＝現在型

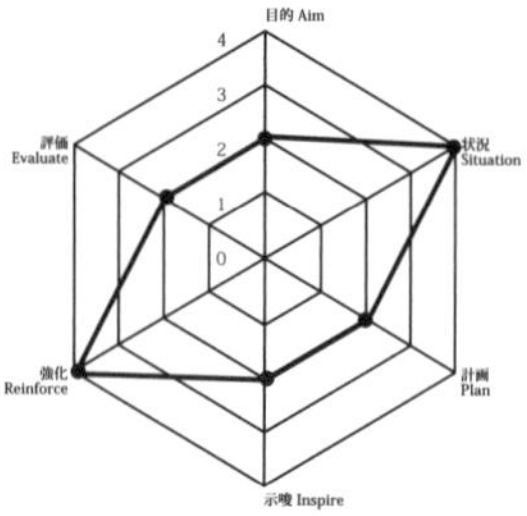

P-E 型＝過去型

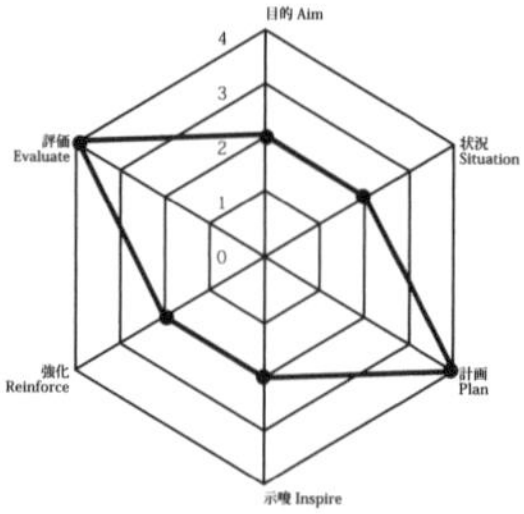

上に書き込んだ図をもとに、次のどのタイプに自分がいちばん近いか確認してください。

9 ASPIRE に基づくアクションプラン

			演習からの学び		
行動指針		説明	始める事	やめる事	続ける事
Aim	目的	明確化 共有化			
Situation	状況	明確化 共有化			
Plan	計画	明確化 共有化			
Inspire	示唆	士気の鼓舞 例の活用 率先行動			
Reinforce	強化	反復・継続 変化への対応 成果への執着			
Evaluate	評価	フィードバック 成果の承認・ 賞賛			

※１ページごとに165％拡大コピーすると、A4サイズになりますのでご利用ください。

ミッションリーダーシップ
組織を動かす無敵のチカラ

2016年12月5日　初版第1刷発行

著　　者：岩本　仁
構成協力：清水　泉
企画協力：サプライズエンタプライズ（井原美紀）
執筆協力：鳴海美紀　中津川あき子　只木良枝

デザイン：小飼森衛
制　　作：池田　靖　太田真由美
資　　材：浦城朋子
販　　売：奥村浩一
宣　　伝：荒木　淳
編　　集：西坂正樹

発行人：林　正人
発行所：株式会社小学館
〒101-8001　東京都千代田区一ツ橋2-3-1
電話　編集03-3230-9355
販売03-5281-3555
印刷所：図書印刷株式会社
ＤＴＰ：株式会社昭和ブライト
製本所：株式会社若林製本工場

Printed in Japan　ISBN 978-4-09-388532-4